RAPPORTS ET DOCUMENTS

RELATIFS A LA

SITUATION DU PORT DE BORDEAUX

ET A LA

CONSTRUCTION DU BASSIN A FLOT

déclaré d'utilité publique par le décret du 26 juillet 1867.

RAPPORTS ET DOCUMENTS

RELATIFS A LA

SITUATION DU PORT DE BORDEAUX

ET A LA

CONSTRUCTION DU BASSIN A FLOT

DÉCLARÉ D'UTILITÉ PUBLIQUE

par le décret du 26 juillet 1867.

BORDEAUX

A. LEFRAISE, IMPRIMEUR DE LA CHAMBRE DE COMMERCE,
Rue Sainte-Catherine, 56, Bazar-Bordelais.

1868

[illegible]

[illegible]

[illegible]
[illegible]
[illegible]
[illegible]

[illegible]

AVANT-PROPOS

Depuis une vingtaine d'années, on s'occupe à Bordeaux de la question d'établir des docks dans le genre de ceux qui existent dans toutes les villes maritimes qui figurent au premier rang du monde commercial, à Londres comme à Marseille, à Liverpool comme au Havre et à Anvers.

Il a fallu beaucoup de temps et d'efforts pour que cette importante question pût entrer dans le domaine de la réalité après avoir traversé bien des phases diverses.

L'opinion publique est restée longtemps assez indifférente; elle paraissait attendre que ses organes officiels eussent eu l'occasion de faire connaître leur avis. Cette occasion s'est présentée an 1866 et 1867; le Conseil général, le Conseil municipal, le Chambre de commerce, la commission d'enquête et les diverses commissions spéciales ont fait connaître leur opinion.

En principe, l'utilité des docks a été généralement reconnue. Il est à remarquer que, dans l'enquête où toutes les opinions ont eu la faculté de se produire, aucune opposition ne s'est manifestée.

L'affaire a suivi son cours régulier; l'instruction a été aussi complète que possible.

Ce n'est qu'après la promulgation du décret qui déclare les docks établissements d'utilité publique que des critiques se sont fait entendre.

Ce projet ayant été présenté sous un aspect dénué d'exactitude et les intentions de la Chambre ayant été souvent dénaturées, elle croit devoir répondre par la reproduction pure et simple et sans aucun commentaire des documents qui appuient l'opinion à laquelle elle s'est ralliée. Les uns ont été puisés à des sources officielles, les autres émanent de diverses commissions et de Corps constitués dont la compétence et l'autorité ne sauraient être révoqués en doute ; elle les livre avec une entière confiance à l'appréciation de tous les hommes éclairés.

Bordeaux, 25 mars 1868.

PORT DE BORDEAUX

TABLEAU

des dimensions de mouillage de la rade de Bordeaux
à diverses époques.

ANNÉES DES SONDAGES	MOUILLAGE limité à la courbe horizontale située à 4ᵐ au-dessous de l'étiage.			MOUILLAGE DES GRANDS NAVIRES limité à la courbe horizontale située à 6ᵐ au-dessous de l'étiage.		
	LONGUEUR	LARGEUR MOYENNE	SURFACE	LONGUEUR	LARGEUR MOYENNE	SURFACE
Année 1847........	3,740ᵐ00	218ᵐ00	81ʰ 61ᵃ	3,260ᵐ00	97ᵐ00	31ʰ 74ᵃ
Année 1857........	3,900ᵐ00	191ᵐ00	74ʰ 51ᵃ	2,720ᵐ00	94ᵐ00	25ʰ 60ᵃ
Année 1867........	3,600ᵐ00	191ᵐ00	68ʰ 73ᵃ	2,150ᵐ00	90ᵐ00	19ʰ 39ᵃ

Mouvement général de la navigation maritime dans le port de Bordeaux depuis 1850.

ANNÉES	PROVENANCE DES NAVIRES	NOMBRE des navires ENTRÉS	TONNAGE	TONNAGE TOTAL des navires ENTRÉS
1850	Long-cours et pays étrangers...........	4,038	156,348	343,366
	Cabotage.................................	6,474	157,048	
1851	Long-cours et pays étrangers...........	4,246	172,361	351,555
	Cabotage.................................	6,540	179,194	
1852	Long-cours et pays étrangers...........	4,170	175,477	433,389
	Cabotage.................................	6,086	257,912	
1853	Long-cours et pays étrangers...........	4,480	198,976	396,494
	Cabotage.................................	6,950	197,518	
1854	Long-cours et pays étrangers...........	4,218	183,776	346,480
	Cabotage.................................	6,212	162,704	
1855	Long-cours et pays étrangers...........	4,544	236,582	403,633
	Cabotage.................................	5,004	167,051	
1856	Long-cours et pays étrangers...........	4,434	259,959	548,474
	Cabotage.................................	8,192	288,515	
1857	Long-cours et pays étrangers...........	4,747	334,890	564,002
	Cabotage.................................	8,023	229,112	
1858	Long-cours et pays étrangers...........	4,466	259,100	477,948
	Cabotage.................................	9,037	218,848	
1859	Long-cours et pays étrangers...........	4,680	321,820	555,485
	Cabotage.................................	7,964	233,665	
1860	Long-cours et pays étrangers...........	4,629	324,499	541,842
	Cabotage.................................	6,094	217,343	
1861	Long-cours et pays étrangers...........	4,955	372,533	573,047
	Cabotage.................................	6,067	200,514	
1862	Long-cours et pays étrangers............	2,105	449,583	763,034
	Cabotage.................................	9,900	343,451	
1863	Long-cours et pays étrangers...........	4,722	377,592	744,916
	Cabotage.................................	9,344	337,324	
1864	Long-cours et pays étrangers...........	4,485	344,671	743,434
	Cabotage.................................	12,063	374,763	
1865	Long-cours et pays étrangers...........	4,663	409,902	713,354
	Cabotage.................................	8,647	303,452	

Il résulte du rapprochement des tableaux qui précèdent que, d'une part, la superficie du mouillage dans le port de Bordeaux va en diminuant dans une assez forte proportion, tandis que, d'autre part, le mouvement maritime a plus que doublé depuis 1850.

Cette circonstance devait infailliblement amener dans notre port un trop-plein qui s'est déjà manifesté en diverses occasions, et qui était bien de nature à fixer l'attention de ceux qui ont l'honneur de représenter les intérêts du commerce de notre place.

État des navires de diverses calaisons qui ont desservi le trafic maritime du port de Bordeaux depuis 1852.

INDICATION DES ANNÉES	NOMBRE DE NAVIRES DE DIVERSES CALAISONS					TOTAUX GÉNÉRAUX	TOTAUX pour les navires de 4ᵐ de calaison et au-dessus.
	de moins de 3 mètr.	de 3 à 4 mètr.	de 4 à 5 mètr.	de 5 à 6 mètr.	de plus de 6 mètr.		
1852	4,104	2,388	607	74	17	7,187	695
1853	3,797	1,940	604	84	14	6,406	699
1854	2,664	1,382	630	93	14	4,783	737
1855	3,420	1,377	840	139	27	5,473	976
1856	4,218	2,289	851	145	59	7,562	1,055
1857	4,100	2,706	1,242	156	69	8,273	1,467
1858	3,060	2,247	888	104	54	6,323	1,046
1859	3,455	2,220	1,445	144	68	7,002	1,327
1860	3,342	1,602	955	107	53	6,059	1,145
1861	2,953	2,330	1,279	182	65	6,809	1,526
1862	3,117	2,492	1,448	235	38	7,300	1,691
1863	3,100	2,380	1,322	88	12	6,902	1,222
1864	3,000	2,440	1,120	107	5	6,372	1,232
1865	2,855	2,405	1,184	397	14	6,555	1,595

RAPPORT

de la Commission chargée d'étudier quelles améliorations on pourrait apporter aux procédés de mouillage en usage dans le port de Bordeaux.

(Du 15 mars 1867.)

Un arrêté du préfet, en date du 22 novembre 1866, a institué une commission composée de :

MM. CORTÈS, vice-président de la Chambre de commerce, *président;*
E.-L. BARAZER, armateur;
HAUTREUX, lieutenant de vaisseau, directeur des mouvements du port;
Jules FAUCHÉ, armateur;
JOLY, ingénieur, chargé du service du port;
LAUDUMIEY, capitaine au long-cours;
LABAT, constructeur;
CHALÈS, armateur;
MENDOUSSE, capitaine de port,

dans le but de rechercher si on ne pourrait pas augmenter la capacité du port en modifiant les procédés de mouillage et d'amarrage actuellement en usage.

M. E.-L. Barazer ayant décliné son mandat pour des raisons de santé, un arrêté du préfet, du 6 décembre 1866, a nommé, pour le remplacer, M. Guérin, capitaine au long-cours.

La commission s'est réunie, pour la première fois, le 29 novembre 1866; elle a nommé M. Labat secrétaire et arrêté le programme de ses études de la manière suivante :

Quelle est la capacité actuelle du port?

Cette capacité peut-elle être augmentée par une amélioration des procédés actuellement en usage sans changer le principe du mouillage par un seul point à l'avant?

Serait-il possible d'amarrer les navires à quatre amarres dans le port?

Dans le cas de l'affirmative, dans quelle proportion la capacité du port pourrait-elle ainsi être augmentée? quels seraient la dépense et le temps nécessaires pour disposer le nouveau système?

Après avoir examiné d'une manière générale ces diverses questions, la commission ayant reconnu qu'il était nécessaire, pour compléter son travail, de rédiger un plan à grande échelle avec sondages de la rade, de consulter les pilotes et les dragueurs du port, de rechercher certains documents et de faire, s'il y avait lieu, des dessins relatifs aux modifications proposées, a délégué, dans ce but, une sous-commission composée de MM. Chalès, Joly, Hautreux, Mendousse et Labat.

La sous-commission s'est adjoint MM. Brunereau, maître dragueur du port, et Massicault, syndic des pilotes. Elle a rédigé, d'accord avec ces messieurs, un rapport et un plan qui ont été soumis à la commission générale dans sa séance du 1er mars 1867 et adoptés dans toutes leurs parties. Ils sont joints au dossier, et comme ils fournissent toutes les explications désirables, la commission a cru pouvoir formuler plus succinctement le résultat de ses travaux en renvoyant, pour les détails, au rapport de la sous-commission.

———————

Le port de Bordeaux est divisé en deux rades :

L'une, devant la Bourse, a 1,000 mètres de longueur, une largeur moyenne de 260 mètres et une profondeur variant entre 4 et 6 mètres au-dessous de l'étiage; elle commence à 200 mètres en aval du pont, et se termine vis-à-vis l'Entrepôt.

L'autre, devant les Chartrons et Bacalan, séparée de la première par un espace libre de 250 mètres, a 1,100 mètres de long, une largeur moyenne de 150 mètres et une profondeur variant entre 5 et 7 mètres.

La profondeur du chenal, au-delà des largeurs indiquées ci-dessus, permet encore de loger des navires; mais le fond du fleuve y variant selon les saisons, on ne peut, dans aucun cas, y établir que des mouillages mobiles.

Les espaces libres ménagés en aval du pont et entre les deux rades sont nécessaires, l'un pour le passage des gabares, et parce qu'il est prudent de se tenir toujours dans les manœuvres à une certaine distance du pont; l'autre pour le passage, dans certains cas, des bateaux à vapeur, l'évitage des grands bâtiments et les mouvements des navires qui exigent un grand espace.

On ne peut songer à supprimer ou même diminuer ces coupures; les dimensions des deux rades à fond fixe sont donc limitées : pour l'une à 1,000 mètres sur 260 mètres, pour l'autre à 1,100 mètres sur 150 mètres.

Actuellement, la rade fixe de la Bourse contient trois lignes de mouillage parallèles entre elles.

La première, à 90 mètres au large, comprend neuf amarrages sur corps-morts et cinq mouillages sur ancre.

La deuxième, séparée de 72 mètres de la première, comprend six amarrages sur corps-morts et huit mouillages sur ancre.

La troisième, séparée de 72 mètres de la deuxième, comprend quatorze mouillages sur ancre.

La rade fixe des Chartrons et de Bacalan contient une seule ligne de mouillage à 100 mètres au large, qui comprend douze corps-morts et deux mouillages sur ancre.

On peut placer sur chacun des corps-morts trois navires et sur chacun des mouillages sur ancre deux navires, ce qui donne, pour les deux rades, cent trente-neuf bâtiments.

Ce nombre n'est cependant pas atteint dans la pratique, parce que les corps-morts des bateaux à vapeur du bas du fleuve, l'emplacement occupé par la *Brillante* et le poste réservé pour les navires de l'État absorbent un certain nombre de places; que les mouillages sur ancre ne peuvent se faire mathématiquement au point indiqué, ce qui en entraîne, dans la pratique, la perte d'un certain nombre, et qu'enfin les amarrages de trois navires ensemble ne peuvent avoir lieu que lorsque les proportions de longueur le permettent et que l'un des trois navires n'a pas d'opérations à faire.

Il faut joindre au nombre des bâtiments que peuvent contenir les deux rades ceux que l'on mouille sur les zones à fond variable, ceux qui sont aux quais verticaux ou amarrés le long des cales inclinées, ceux qui sont en partance ou en réparation devant les chantiers ou sur les appareils de radoub, qui formeront ensemble un total de cent quarante navires, lorsque les anciens quais verticaux seront réparés et les nouveaux livrés au commerce.

La capacité totale du port est donc de deux cent soixante-dix-neuf bâtiments; mais il faudrait, pour les loger tous, que les quais fussent livrés, et que le système actuel de mouillage fût amélioré de manière à ne pas perdre de place.

Cette amélioration est, d'ailleurs, assez facile; il suffirait de supprimer dans les deux rades fixes les mouillages sur ancre et de les remplacer par des corps-morts ; il n'y aurait plus ainsi de places perdues par suite d'erreurs de position inévitables dans les mouillages sur ancre, et on mettrait quelquefois trois navires où on n'en place que deux aujourd'hui.

Il faudrait, en outre, adopter un règlement rigoureux pour le classement des navires et corps-morts par catégories de tirant d'eau, et empêcher les gabares de s'amarrer sur plus d'un plan au-delà du côté des bâtiments.

On obtiendrait ainsi un avantage important, car on arriverait à loger certainement deux cent soixante-dix-neuf navires dans le port, tandis que, jusqu'à ce jour, on n'a pas pu dépasser le chiffre de deux cent vingt-neuf, nombre qui a été atteint au mois d'octobre 1866, époque à laquelle on fut obligé, faute de place devant Bordeaux, de laisser séjourner un certain nombre de navires à Pauillac.

On gagnera seize places aux quais verticaux quand leur achèvement et leur réparation seront complets, et au moins trente-quatre par l'amélioration des mouillages.

Cette amélioration entraînerait une dépense de 150 à 200,000 fr. et demanderait un délai de cinq à six mois.

La commission a étudié ensuite le mode de mouillage à quatre amarres que l'opinion publique désignait comme devant permettre de loger un surcroît considérable de bâtiments et que la commission avait jugé tel dès le principe.

Quelques membres de la commission ont vu ce mode de mouillage appliqué en grand dans des conditions plus défavorables que celles que présente notre port ; il n'est donc pas douteux qu'il ne soit praticable. Mais pour qu'il présente des garanties suffisantes de sécurité, il faut qu'il ait lieu sur quatre amarres fixées à quatre corps-morts, deux à l'avant, deux à l'arrière, en patte-d'oie. Le poids de ces corps-morts devra être supporté par des bouées pour ne pas fatiguer les extrémités des navires. Le procédé lui-même d'amarrage à quatre ne présente donc pas de difficultés sérieuses, et si, après avoir amarré ainsi les bâtiments de la rade, on pouvait les grouper tous à se toucher, il est certain qu'on en logerait dans le port un nombre cinq ou six fois plus considérable qu'aujourd'hui.

Mais il faut combiner la position de ces groupes de manière à ce que les mouvements de la rade soient possibles, que les allèges puissent accoster les navires et qu'eux-mêmes puissent prendre leur place ou en sortir, soit par côté dans des chenaux longitudinaux, soit devant et derrière dans des chenaux transversaux.

Le système de chenaux longitudinaux ne permet de loger entre deux d'entre eux que trois navires côté à côté ou quatre navires séparés deux à deux par un espace destiné aux alléges; et comme ces chenaux, ménagés pour laisser passer les bâtiments, ne peuvent être moindres que ceux réservés aujourd'hui pour l'évitage, on voit qu'on ne peut pas loger dans le sens transversal plus de navires qu'avec le système actuel.

On peut serrer les groupes dans le sens de la longueur, mais on perd l'espace ainsi gagné par l'obligation de ménager des coupures d'un chenal longitudinal à l'autre.

L'amarrage à quatre amarres avec des chenaux longitudinaux de dégagement n'est donc pas avantageux sous le rapport du nombre. Il n'en est pas de même du système de chenaux transversaux que la sous-commission a étudié en détail et dont elle a dressé un plan, accepté dans toutes ses parties par la commission générale.

Le sol de la rade serait garni d'un réseau de chaînes de fond perpendiculaires entre elles et aboutissant, celles longitudinales à des ancres de tête, celles transversales à des ancres d'empennelage. Chaque angle des casiers ainsi dessinés recevrait un corps-mort, et de chacun de ces corps-morts partiraient des chaînes aboutissant aux bouées d'amarrage.

Cette disposition donnerait au système nouveau une sécurité considérable, puisque tous les points d'amarrage, étant ainsi solidaires entre eux, ne peuvent se déplacer sur le fond du fleuve.

Les navires sont groupés deux à deux suivant les lignes transversales; chaque groupe est séparé du voisin par un chenal de 12 mètres, et deux lignes transversales sont placées l'une devant l'autre. Les bâtiments de la première ligne se dégagent dans un chenal transversal placé devant eux, ceux de la deuxième dans un chenal placé derrière. Ces chenaux ont 100 à 120 mètres de large, et débouchent dans un chenal longitudinal unique de montée et de descente qui conserve la position et les dimensions de celui qui existe actuellement le long des quais.

Ce système permettrait de loger cinquante ou soixante navires de plus dans les deux rades, soit deux cents navires en tout, et la capacité du port se trouverait portée à trois cent quarante bâtiments environ, une fois les quais réparés ou achevés.

La dépense serait de 1 million et les délais nécessaires de un an.

Cette disposition, avantageuse sous le rapport du nombre, ne serait pas sans inconvénients.

Les navires étant fixés au large, les mouvements de la petite navigation seraient gênés ; on serait privé de la faculté de louvoyer, et les embarcations seraient obligées d'employer souvent un surcroît de personnel pour refouler les courants.

La grande navigation serait également gênée ; on serait privé de la faculté de faire embarder les bâtiments voisins pour augmenter momentanément la largeur du chenal, inconvénient d'autant plus sérieux qu'il n'y aura qu'un seul chenal longitudinal pour toutes les montées et les descentes.

Pour employer ce système, bien des navires seront obligés d'améliorer leurs points d'amarrage de l'arrière.

Il faudra, pour mettre un navire à sa place ou pour le retirer, beaucoup plus de temps et de personnel que dans le système actuel ; il sera donc moins facile, en cas d'incendie à bord, d'isoler le bâtiment en flammes, et, en cas de glaces, il faudra beaucoup plus de temps pour ramener les navires le long des quais.

Le mode actuel d'amarrage participe, il est vrai, à quelques-uns de ces inconvénients ; l'incendie et les glaces sont également à redouter. Dans les temps de souberne et de grands vents, la circulation de la rade se trouve quelquefois considérablement entravée par la position des navires en travers ; mais on peut dire que les deux premiers inconvénients sont, en général, beaucoup plus saillants dans le système à quatre amarres que dans le système actuel, auquel il restera toujours un avantage considérable : celui de permettre d'amarrer et de démarrer un navire avec une grande facilité et avec beaucoup moins de frais.

En résumé :

Le nombre maximum de navires que l'on ait logé dans le port a été de deux cent vingt-neuf, et ce nombre ayant été atteint en octobre 1866, on fut obligé de laisser quinze ou vingt navires pendant quelques jours à Pauillac.

On peut améliorer cette situation sans changer le système d'amarrage actuel ; il suffirait, pour cela, de placer de nouveaux corpsmorts, d'adopter un règlement rigoureux qui classât les navires et corps-morts par catégories, de supprimer les amarrages d'allèges sur plusieurs plans. On pourrait espérer ainsi loger régulièrement cinquante ou soixante navires de plus aussitôt que les quais seront livrés au commerce. Cette disposition coûterait 200,000 fr. environ.

Enfin, si on voulait aller plus loin, il faudrait adopter le système d'amarrage à quatre amarres qui est parfaitement praticable et qui donnerait un avantage de 20 p. % environ sur l'ancien système même amélioré. Il pourrait être disposé dans le délai d'un an et avec 1 million de dépense, mais il serait beaucoup plus onéreux pour les navires qui fréquentent le port (1).

CORTÈS, A. CHALÈS, Jules FAUCHÉ, Édouard GUÉRIN, HAUTREUX, G. JOLY, MENDOUSSE, LABAT, *rapporteur*.

Nota. — M. Laudumicy ayant décliné son mandat par lettre du 15 mars jointe au dossier, n'a pas signé le rapport de la commission.

---

(1) On remarquera que la commission a voulu se rendre compte, par l'étude à laquelle elle s'est livrée, de la quantité de navires qu'il serait possible d'emmagasiner dans le port de Bordeaux.

Il convient d'observer que, parmi ces navires, il en est un grand nombre qui n'occuperaient pas une place utile, les uns parce qu'ils ne pourraient se livrer à une opération commerciale, les autres parce qu'ils ne pourraient les effectuer qu'avec les plus grandes difficultés. C'est dans ces diverses catégories qu'il faut ranger les navires qui figurent sur les corps-morts entre deux autres bâtiments ; en second rang, le long des quais verticaux et sur les appareils de radoub, ceux qui sont mouillés à quatre amarres vis-à-vis la façade des Chartrons dans une partie de la rade qui n'a pas été disposée à cet effet ; ils rétrécissent le chenal qui offre ainsi plus de difficultés à la navigation, et ils gênent les mouvements des bateaux de rivière et le commerce des vins, si actif dans cette portion du port.

AVANT-PROJET DE BASSIN A FLOT ET DE FORME DE RADOUB

RAPPORT

de la Commission d'enquête relative à l'établissement à
Bordeaux d'un bassin à flot et d'une forme de radoub.

(Du 16 avril 1867.)

Monsieur le Préfet,

Par votre arrêté du 2 mars dernier, vous nous avez fait l'honneur
de nous désigner comme membres de la commission d'enquête
chargée d'examiner le projet d'établissement à Bordeaux d'un bassin
à flot et d'une forme de radoub. Nous venons vous faire connaître
le résultat de notre travail. Soit pour tâcher de le faire d'une manière
complète, soit pour répondre aux questions spéciales que vous nous
avez posées, nous traiterons successivement les points suivants :

1° Description du projet.

2° Utilité de l'entreprise.

3° La forme de radoub doit-elle être maintenue dans l'emplacement indiqué au projet, dans l'axe de l'écluse d'entrée, ou bien
serait-il préférable de l'établir à l'extrémité du bassin à flot?

4° Conviendrait-il, pour faciliter l'évolution des bâtiments transatlantiques dans le bassin, de porter la largeur de ce bassin à
140 mètres, ou même 150 mètres, soit en réduisant à 40 mètres la
largeur des quais fixée à 50 mètres, soit en reportant de 20 à
30 mètres l'axe du bassin à flot vers l'amont du fleuve?

5° Convient-il de maintenir la direction de l'écluse perpendiculairement au cours du fleuve, ou de préférer une direction oblique vers l'amont ou vers l'aval?

6° Les établissements commerciaux projetés par la Chambre de commerce, tels qu'ils sont indiqués sur le plan n° 6, doivent-ils occuper le terre-plein de la rive droite et être construits bord à quai, ou conviendra-t-il, au contraire, de reporter ces établissements en arrière du quai, qui, sur toute la largeur de 40 ou 50 mètres, resterait libre pour la circulation publique?

7° Question d'art.

8° Enfin, nous rendrons compte des observations qui se sont produites à l'enquête.

§ 1er. — *Description du projet.*

Au point de vue des travaux d'art, le projet consiste dans les dispositions suivantes :

1° Le bassin à flot serait mis en communication avec le fleuve par une écluse de 120 mètres de longueur entre les bases, non compris l'avant-port, et d'une largeur de 25 mètres. Cette écluse serait placée entre la manufacture de porcelaines de Bacalan et le Magasin des vivres de la marine.

2° De chaque côté de l'écluse, un terre-plein de 27 mètres de largeur serait réservé pour le service de l'établissement.

3° Un pont tournant serait établi à chaque extrémité de l'écluse, de manière à ce que la circulation générale ne fût jamais interrompue sur les quais.

4° Immédiatement après l'écluse, il serait créé un bassin à flot, à niveau constant, sans interruption dans sa surface, mais divisé en quelque sorte en deux sections : la première de 390 mètres de longueur, dont l'axe serait le même que celui de l'écluse, et serait, par conséquent, à peu près perpendiculaire à la rive du fleuve; la deuxième partie du bassin à flot, faisant suite à la première, formerait avec elle un angle presque droit, et serait, par suite, presque parallèle au fleuve.

Quant à la profondeur des bassins, elle serait déterminée par les dispositions suivantes :

- Le plafond des bassins serait creusé à 2 mètres en contre-bas de l'étiage, et comme le plan d'eau serait réglé à 6 mètres en contre-haut, il y aurait un tirant d'eau total de 8 mètres. Un navire de

7 mètres de calaison serait, en conséquence, maintenu à flot dans le bassin, alors même que le plan d'eau y baisserait de 0^m50, par suite de sécheresse ou d'insuffisance d'alimentation et qu'il se serait formé 0^m50 de dépôt sur les plafonds.

Le bassin à flot, ayant 1,400 mètres de quai, pourrait recevoir sur deux rangs cinquante-six navires d'une longueur moyenne de 50 mètres.

5° La largeur du bassin dans ses deux sections serait de 120 mètres.

6° Sur chacune des rives du bassin il serait réservé des terrains sur une largeur de 50 mètres, soit pour les besoins généraux de l'établissement, soit pour la construction des magasins.

7° Le projet propose de créer une forme de radoub à la suite du bassin à flot, dans l'axe de la première section.

8° Un réservoir d'alimentation de dimensions suffisantes serait créé à côté du bassin à flot et de l'autre côté du chemin de Labarde. Le niveau de ce réservoir serait réglé à 7 mètres de hauteur au-dessus de l'étiage, soit à 1 mètre au-dessus du plan d'eau du bassin à flot.

9° Ce réservoir serait alimenté lui-même, ainsi que les bassins à flot, par des eaux claires fournies par la jalle d'Eysines ou celle de Blanquefort.

10° Le chemin de Labarde serait détourné, ainsi que cela est indiqué sur les plans, de manière à atteindre le double but de ne gêner la circulation que le moins possible, et de permettre, cependant, la réalisation du projet.

11° Enfin, des hangars et des magasins seraient placés sur la rive droite du bassin à flot (côté sud).

Tel est, sommairement, l'ensemble des travaux proposés par MM. les Ingénieurs.

Nous nous abstiendrons de faire ici des observations relatives à ces diverses opinions, nous réservant de le faire ultérieurement dans le cours de ce rapport.

Au point de vue financier, voici quelles seraient les principales dispositions du projet :

1° L'État prendrait à sa charge l'achat des terrains et l'exécution de tous les travaux d'art relatifs à l'écluse, au bassin à flot, à la forme de radoub, au bassin d'alimentation et à la rigole qui conduirait dans ce dernier bassin les eaux de la jalle de Blanquefort.

La dépense totale de cette partie importante du projet est évaluée par MM. les Ingénieurs, y compris l'achat des terrains, à environ 10 millions.

L'État serait disposé à consacrer à l'ensemble de ces travaux une somme de 1 million par an.

2° La Chambre de commerce interviendrait dans les conditions suivantes :

Elle prendrait à sa charge l'achat des terrains nécessaires à l'emplacement des magasins, la construction des hangars et les installations commerciales. En outre et pour hâter le plus possible l'exécution des travaux, elle avancerait au Gouvernement la somme nécessaire pour les exécuter, et le Gouvernement lui rembourserait ses avances à raison de 1 million par an, plus l'intérêt à 4 p. % des sommes avancées; la Chambre prenant, par conséquent, à sa charge, jusqu'à ce qu'elle fût remboursée, la différence entre les 4 p. % d'intérêt que lui allouerait le Gouvernement et le taux d'intérêt auquel elle-même serait obligée d'emprunter. Au nombre des ressources que la Chambre de commerce affecterait à ce projet se trouverait le produit de la vente de l'Entrepôt actuel, qui est évalué à 2 millions.

La Chambre de commerce apprécie que les dépenses totales, pour les magasins et les autres parties du projet à sa charge, s'élèveraient à 5 millions; mais que, seulement, 3 millions ou 3 millions 1/2 seraient immédiatement nécessaires, et il y a lieu de remarquer que ces dépenses de la Chambre de commerce seraient toutes productives.

Il nous a paru nécessaire, Monsieur le Préfet, de constater dans ce rapport l'ensemble des conditions dans lesquelles se présente le projet soumis à l'examen de la commission, car le même projet pourrait être considéré comme avantageux ou désavantageux au point de vue des intérêts commerciaux qu'il est appelé à servir, selon qu'il devrait résulter de ces conditions des charges plus ou moins onéreuses, plus ou moins faciles à supporter pour les navires et les marchandises. C'est donc après avoir cherché à préciser les conditions dans lesquelles serait créé l'établissement important dont nous nous occupons aujourd'hui que nous sommes en mesure d'exprimer l'avis que vous nous avez demandé sur l'utilité de l'entreprise..

§ 2. — *Utilité de l'entreprise.*

La commission d'enquête a été unanime à penser, et nous croyons même devoir ajouter, sans qu'aucune dissidence se soit produite à cet égard, que l'établissement projeté serait éminemment utile au commerce de Bordeaux, et cette opinion s'est trouvée d'accord avec celle de la plupart des personnes qui sont venues déposer des observations pendant la durée de l'enquête.

Voici les principales considérations qui ont déterminé cette opinion et cette unanimité de la commission :

1° Le port de Bordeaux est aujourd'hui d'une ,étendue insuffisante.

Cette insuffisance s'est fait souvent sentir depuis quelques années, et notamment au mois d'octobre 1866. A cette époque, on fut obligé, faute de place dans le port de Bordeaux, de laisser stationner à Pauillac un certain nombre de navires; or, il y avait alors , dans le port de Bordeaux, deux cent cinquante-neuf bâtiments, parmi lesquels trente petits caboteurs français. On peut donc conclure de ce fait que le port de Bordeaux ne peut contenir que deux cent vingt-neuf bâtiments, et l'expérience a prouvé que, dans certains moments, il serait nécessaire d'en recevoir davantage.

Mais on peut répondre à cela que, si le port de Bordeaux ne reçoit pas aujourd'hui un plus grand nombre de navires , cela tient aux systèmes de mouillage et d'amarrage pratiqués actuellement, et qu'en adoptant à cet égard d'autres dispositions , on pourrait tirer meilleur parti de la capacité actuelle du port. La commission reconnaît qu'en effet, soit par le système d'amarrage à quatre amarres, soit par quelques autres moyens, on pourrait parvenir à placer dans le port de Bordeaux un plus grand nombre de navires; mais il a été reconnu par les commissions qui ont étudié cette question d'une manière spéciale que l'on ne pourrait pas augmenter de plus de cinquante environ le nombre des places actuelles des navires, du moins sans s'exposer à de très-graves inconvénients que nous n'avons pas mission d'indiquer ici en détail, et même, pour augmenter de cinquante le nombre des places actuelles, il faudrait prendre des dispositions qui auraient encore des inconvénients notables, soit pour la petite navigation , soit pour les chargements ou déchargements à effectuer le long des navires en rade.

Or, si dans l'état actuel des choses la capacité du port est souvent insuffisante, s'il n'est pas possible, à moins de s'exposer à de graves inconvénients, d'augmenter de plus de cinquante, c'est-à-dire d'un cinquième, le nombre actuel des places, qui est environ de deux cent trente, on est forcé de reconnaître qu'il faut, sans retard, chercher à augmenter la capacité du port de Bordeaux par des moyens artificiels, soit au point de vue des nécessités du moment présent, soit au point de vue des nécessités probables d'un avenir très-prochain; car le développement rapide que la navigation du port de Bordeaux a pris dans ces dernières années, ainsi que nous le constaterons plus loin, doit faire regarder comme certains de nouveaux et importants progrès.

2° Si le port de Bordeaux est insuffisant comme espace, il est insuffisant aussi comme profondeur, car il a été constaté, dans certaines années, que la surface du port où le tirant d'eau atteignait 6 mètres au-dessous de l'étiage, était réduite à 100,000 mètres de superficie. Cette superficie, propre à recevoir les navires de grande dimension et d'un tirant d'eau de 6 mètres, est insuffisante, et le bassin à flot dont nous nous occupons aujourd'hui suppléerait à cette insuffisance, car ce bassin, offrant un développement de 1,400 mètres de quai, pourrait recevoir, sur deux rangs, cinquante-six navires d'une longueur moyenne de 50 mètres, qui y trouveraient un tirant d'eau de 7 à 8 mètres au-dessus de l'étiage, et même, dans beaucoup de cas, on pourrait placer dans le bassin les navires sur trois rangs, ce qui en augmenterait considérablement le nombre.

3° Mais, dira-t-on, l'établissement du quai vertical que l'on achève en ce moment, et celui qui doit être ensuite construit à Bacalan, ne pourront-ils suppléer à l'insuffisance actuelle du port de Bordeaux et à ses développements futurs? Pour répondre à cette objection, il suffira de remarquer que chacun de ces quais n'aura qu'une longueur de 210 mètres; que, par conséquent, ils ne pourront recevoir que huit navires de 50 mètres chacun; car on ne peut pas habituellement placer les navires sur deux rangs au quai vertical, et enfin, il faut remarquer que les quais verticaux deviennent de plus en plus nécessaires pour les lignes de bateaux à vapeur, qui se sont multipliées avec tant de rapidité, qui ont pris une telle importance dans ces dernières années et qui paraissent devoir continuer à se développer avec une rapidité croissante.

4° L'insuffisance du port de Bordeaux dès le moment actuel a paru évidente à la commission par les diverses observations que nous venons de reproduire; mais la commission a été surtout portée à penser que cette insuffisance pourrait devenir très-grave dans quelques années par l'examen et l'appréciation des chiffres qui constatent le développement de la navigation dans ces dernières années.

Voici ces chiffres :

D'après les états publiés par l'administration des Douanes, la progression du mouvement de navigation du port de Bordeaux dans les quinze années, de 1850 à 1865, a été ce qui suit :

1850

246 navires de long-cours, jaugeant...................... 61,165 Tx.
792 — du grand cabotage, jaugeant.............. 95,153

TOTAL en 1850.................... 156,318 Tx.

1865

358 navires de long-cours, jaugeant 105,913 Tx.
1,305 grands caboteurs, jaugeant...... 303,989

TOTAL en 1865.......... 409,902 Tx., ci. 409,902

TOTAL de l'augmentation en quinze années... 253,584 Tx.
soit, plus de 150 p. %.

Cette augmentation paraîtra plus considérable encore si, au lieu d'établir la comparaison du tonnage des deux années d'après la jauge officielle, on établit cette comparaison d'après le port effectif des navires qui est environ, en moyenne, de 30 p. % supérieur à la jauge officielle. On trouvera, en effet, en ajoutant 30 p. % aux chiffres ci-dessus, que le tonnage effectif des navires entrés dans le port de Bordeaux en 1850 est de. .... 203,213 Tx.

et en 1865, de........................ 532,872

représentant ainsi une augmentation totale de......... 329,659 Tx.
en quinze années (1).

Peut-on croire que cette progression si rapide et si continue s'arrêtera maintenant, surtout si l'on considère qu'elle a été principalement amenée par la grande et heureuse révolution économique qu'ont produite chez nous, comme dans plusieurs autres pays, la liberté commerciale, la création des chemins de fer et des bateaux à vapeur à hélice, ces chemins de fer de la mer. Il est certain que ces trois causes puissantes de l'activité des échanges sont encore bien loin d'avoir produit tous les effets que l'on en peut attendre, et, par conséquent, il y a lieu de regarder comme certain que le développement rapide de la navigation du port de Bordeaux, pen-

---

(1) Nous n'avons pas compris dans les chiffres que nous venons d'indiquer le petit cabotage, parce que nous nous sommes surtout occupés des navires qui exigent un mouillage profond; toutefois, nous devons dire que, quant au petit cabotage, il est plutôt en décroissance, par suite de la concurrence des chemins de fer. Cependant, le petit cabotage, en 1864, a présenté, à l'entrée, un total de 182,769 tonnes, tandis qu'en 1850 il n'avait présenté que 157,048 tonnes; mais quelques années après, il y avait eu un grand accroissement qui a été reperdu depuis.

dant les quinze dernières années, continuera à suivre la progression qui s'est déjà si heureusement manifestée.

On est conduit à une conviction plus grande encore à cet égard si on considère spécialement quels ont été les progrès de la navigation à vapeur dans le port de Bordeaux pendant ces dernières années, et dont voici le résumé :

Entrées des navires à vapeur venant du long-cours ou du grand cabotage.

ANNÉES	NOMBRE de NAVIRES A VAPEUR	TONNAGE
1851	3	575
1852	21	5,417
1853	41	9,992
1854	66	16,420
1855	55	13,378
1856	106	33,436
1857	137	41,766
1858	98	21,179
1859	140	34,098
1860	146	42,944
1861	125	14,118
1862	340	110,379
1863	317	96,457
1864	358	109,384
1865	439	148,316

Ainsi, en 1851, la navigation à vapeur avec l'étranger ou avec les pays de l'Europe n'existait pour ainsi dire pas à Bordeaux.

En 1855, cette navigation ne s'élevait encore qu'au chiffre de 13,378 tonneaux, et en 1865, elle s'élevait à 148,316 tonneaux, présentant ainsi, dans ces dix dernières années, une progression immense, une augmentation plus que décuple.

En présence de pareils faits, ne doit-on pas reconnaître qu'il y a non-seulement utilité, mais encore nécessité et urgence de placer le port de Bordeaux dans des conditions qui lui permettent de suffire au développement qui se manifeste d'une manière si heureuse dans son mouvement de navigation? Or, la réalisation du projet soumis à la commission d'enquête aurait principalement pour résultat de satisfaire aux exigences de ce développement de la navigation.

5° Mais la réalisation de ce projet n'aurait pas seulement pour conséquence d'offrir de nouvelles et grandes facilités au mouvement de la navigation. A côté du projet du Gouvernement vient se placer celui de la Chambre de commerce, qui le complète, et qui consiste à placer le long du bassin à flot des hangars et des magasins qui présenteraient au commerce des avantages considérables, car la marchandise, en sortant du navire, serait instantanément placée sous les hangars, à l'abri de toutes les intempéries comme de toutes les déprédations; là, elles seraient examinées, vérifiées, classées dans les meilleures conditions possibles et portées ensuite dans les magasins attenants. A l'aide d'une telle organisation, il est permis d'espérer que l'on pourrait arriver à toute la perfection possible, relativement à la manipulation des marchandises.

6° Il faut considérer de plus, que, par les dispositions convenues entre le Gouvernement et la Chambre de commerce, cette dernière ne contribuant à la dépense générale que pour une somme relativement faible, seulement celle relative à l'établissement des magasins et des hangars, serait en mesure de réduire au chiffre minimum les frais de manipulation, magasinage, etc., etc. Il ne saurait y avoir aucun doute que la Chambre de commerce ne négligera rien pour réduire, en effet, ces frais à leur minimum; le passé de la Chambre doit être, à cet égard, considéré comme une garantie de l'avenir : représentant le commerce de Bordeaux dont elle émane, elle sera évidemment dans l'obligation, comme elle a toujours eu la volonté, de ne rien négliger dans la direction de l'établissement qui lui serait confié pour organiser le mieux possible toutes les parties du service et pour en réduire les frais le plus possible aussi.

7° Quant à la forme de radoub qui fait partie du projet actuel, son utilité, ou plutôt sa nécessité et l'urgence de sa création sont évidentes. Jusqu'à ce moment, l'industrie privée, incertaine d'une rémunération suffisante, n'a point créé à Bordeaux d'appareils de carénage tels qu'il les faut pour les plus grands navires, et, par suite, aujourd'hui, les bateaux à vapeur transatlantiques qui fréquentent le port de Bordeaux sont obligés d'aller à Rochefort pour y faire effectuer leurs réparations. Faire cesser un pareil état de choses dans un port aussi important que celui de Bordeaux est, non-seulement une chose utile, mais évidemment nécessaire et urgente.

Telles sont, Monsieur le Préfet, les diverses considérations qui ont conduit la commission d'enquête à exprimer à l'unanimité une opinion favorable relativement à l'utilité du projet que vous avez soumis à son examen.

Nous allons maintenant répondre aux diverses questions que vous nous avez posées.

§ 3. — *La forme de radoub doit-elle être maintenue dans l'emplacement indiqué au projet dans l'axe de l'écluse d'entrée, ou bien serait-il préférable de l'établir à l'extrémité du bassin à flot?*

La commission a été unanime à penser que l'emplacement indiqué au projet, dans l'axe de l'écluse d'entrée, pourrait présenter des inconvénients assez graves, et qu'il serait préférable de placer la forme de radoub le long du côté nord du bassin à flot, soit au point de jonction des deux parties du bassin, soit dans telle autre partie qui serait jugée préférable, mais toujours le long du côté nord du bassin, alors même que le Gouvernement se déciderait à adopter une légère modification de son emplacement actuel, dans le cas où une direction oblique de l'écluse et, par suite, du bassin, serait jugée nécessaire, ainsi qu'il en sera question ultérieurement.

La commission avait eu un instant la pensée de placer la forme de radoub à l'extrémité nord de la seconde section du bassin à flot; mais elle a ensuite rejeté cette disposition, qui serait un obstacle à l'agrandissement ultérieur du bassin dans ce sens, s'il y avait lieu.

§ 4. — *Conviendrait-il, pour faciliter l'évolution des bâtiments transatlantiques dans le bassin, de porter la largeur de ce bassin à 140 mètres ou même 150 mètres, soit en réduisant à 40 mètres la largeur des quais fixée à 50, soit en reportant de 20 à 30 mètres l'axe du bassin vers l'amont du fleuve?*

Une discussion approfondie a eu lieu dans la commission sur ce point important, et il est ressorti de cette discussion que, très-probablement dans le moment actuel, la largeur de 120 mètres indiquée au projet serait suffisante; mais on a fait observer qu'il serait très-possible que le bassin eût à recevoir des bateaux à vapeur transatlantiques d'une plus grande dimension que ceux qui arrivent aujourd'hui à Bordeaux ; que, d'ailleurs, dans certains cas, les évolutions des transatlantiques actuels pourraient être gênées ; que, de plus, il fallait se ménager la possibilité de pouvoir, sans inconvénient, permettre aux navires qui auraient effectué leur déchargement, de mouiller quelques jours dans le bassin, pendant qu'ils recevraient quelques réparations et se prépareraient à venir prendre charge dans le bassin même ; on a fait observer encore que, dans la plupart des autres grands ports, les bassins à flot avaient plus de 120 mètres de largeur, et que l'expérience apprenait qu'en fait d'établissement de ce genre, ce qui était suffisant aujourd'hui cessait de l'être dans quelques années. Enfin, on a fait remarquer qu'il y avait d'autant plus lieu de donner dès aujourd'hui au bassin une plus grande largeur, que cela n'augmenterait la dépense que dans des proportions relativement minimes, puisque les travaux d'art, qui sont les plus coûteux, restant à peu de chose près les mêmes, il n'y avait à calculer comme supplément de dépenses qu'un achat de terrain plus considérable et un accroissement de déblais, dépenses relativement modérées. Par ces diverses considérations, la majorité de la commission a pensé que la prévoyance commandait de porter à 150 mètres la largeur du bassin, mais seulement dans sa première section de 390 mètres de longueur.

La commission déclare d'une manière expresse que cet accroissement de largeur du bassin ne devrait point être obtenu au détriment des quais, auxquels il est indispensable de conserver la largeur de 50 mètres indiquée au projet.

§ 5. — *Convient-il de maintenir la direction de l'écluse perpendiculairement au cours du fleuve, ou de préférer une direction oblique vers l'amont ou vers l'aval ?*

La commission a pensé qu'elle ne comptait pas parmi ses membres assez d'hommes ayant des connaissances techniques pour qu'il lui fût permis de répondre avec autorité à cette question importante. Et surtout sachant qu'une commission nautique doit être appelée à examiner le même projet, elle a été d'autant plus disposée à s'abstenir d'émettre un avis formel. Cependant, Monsieur le Préfet, sollicitée par vous d'examiner cette question, elle l'a débattue avec autant de soin qu'il lui a été possible, et a été aidée en cela par les lumières et les connaissances spéciales d'un de ses honorables membres. Il est résulté de cette discussion que la disposition de l'écluse perpendiculaire au fleuve, et surtout cette écluse étant précédée d'un avant-port, ne présenterait pas, sans doute, un obstacle insurmontable aux manœuvres nécessaires à l'entrée et à la sortie des navires; mais il a, cependant, paru à la commission que cette disposition de l'écluse présenterait, pour la manœuvre des navires entrants et sortants, de graves difficultés. Elle est donc portée à croire qu'une écluse oblique serait préférable, mais à la condition d'être très-oblique.

Dans ce but, et tout en maintenant à peu près dans les lieux désignés l'emplacement du bassin à flot, il faudrait placer l'entrée de l'écluse près de la manufacture de porcelaines. De cette façon, on obtiendrait deux avantages : le premier, de donner, en effet, à l'écluse une très-grande obliquité; le second, de placer l'entrée de cette écluse en face d'une des parties de la rade qui ont le plus de profondeur. La commission est d'autant plus portée à penser que l'adoption de cette nouvelle disposition serait préférable que MM. les Ingénieurs lui ont donné connaissance des dispositions qu'ils croiraient devoir proposer dans le cas où la direction oblique de l'écluse serait adoptée, et ces dispositions ont paru à la commission présenter de grands avantages. D'abord, le bassin à flot, au lieu de se composer de deux sections, presque perpendiculaires l'une à l'autre, obtiendrait son développement total de 700 mètres dans une seule direction parfaitement rectiligne; ensuite, il serait très-facile, dans cette hypothèse, de placer la forme de radoub le long du côté nord du bassin, ainsi que nous en avons parlé plus haut. De plus, en plaçant le bassin d'alimentation en ligne droite du bassin à flot, quoique de l'autre côté du chemin de Labarde, on y trouverait divers avantages, notamment celui de faciliter le développement ultérieur du bassin à flot dans cette direction. Enfin, dans le cas où ces nouvelles dispositions seraient adoptées, M. Pairier a communiqué à la commission un projet de bassin, qui comprendrait à son entrée un espace plus large que le reste et où viendrait aboutir une seconde écluse. Dans cet espace ainsi réservé à l'entrée les plus grands navires pourraient évoluer avec facilité et, dans cette hypothèse, il deviendrait peut-être inutile de donner au bassin la largeur de 150 mètres dont il a été question plus haut.

Par ces diverses raisons, la commission a pensé qu'il serait préférable de donner à l'écluse d'entrée une direction oblique, et de placer cette entrée près de la manufacture de porcelaines. Mais, nous le répétons, les opinions de la commission sur ces divers points ne sont exprimées par elle qu'avec réserve : elle ne se considère pas comme suffisamment compétente, et elle déclare subordonner dans une certaine mesure son avis sur ce point à celui de la commission nautique.

§ 6. — *Les établissements commerciaux projetés par la Chambre de commerce, tels qu'ils sont indiqués sur le plan n° 6, doivent-ils occuper le terre-plein de la rive droite et être construits bord à quai; ou conviendrait-il, au contraire, de reporter ces établissements en arrière du quai, qui, sur toute la largeur de 40 ou 50 mètres, resterait libre pour la circulation publique?*

La commission a pensé que les meilleures dispositions à prendre seraient les suivantes :

1° Une zone de 20 mètres, le long du quai de la rive droite, serait réservée au public et à la circulation générale; mais, néanmoins, dans l'intérêt de tous, la Chambre de commerce devrait être autorisée à construire, sur cet espace de 20 mètres, des hangars destinés à mettre les marchandises à couvert au moment de leur sortie du navire; resteraient à débattre entre le Gouvernement et la Chambre de commerce les conditions relatives à l'usage de ces hangars.

2° En arrière de ces 20 mètres, le reste du terre-plein de la rive droite, soit 30 mètres, serait réservé à la Chambre de commerce pour y construire ses magasins, et sauf à en déduire soit dans le sens de la longueur, soit dans le sens de la largeur, les espaces nécessaires à la création des voies charretières ou ferrées destinées à permettre et à faciliter la circulation des marchandises, soit pour les magasins mêmes de la Chambre de commerce, soit pour le public.

Quant à la rive gauche, il a paru manifeste à la commission que des hangars tout au moins, sinon aussi des magasins, devraient y être construits soit immédiatement, soit dans un temps plus ou moins rapproché.

La Chambre de commerce a manifesté l'intention d'acheter encore une zone de terrain de 50 mètres, en arrière des 50 mètres de la rive droite du bassin à flot, pour affecter ces terrains à la construction de ces magasins. La commission pense qu'il y a lieu d'accueillir favorablement cette demande de la Chambre de commerce.

§ 7. — *Question d'art.*

La commission, Monsieur le Préfet, n'a pas été consultée spécialement par vous sur ce point important, et elle le comprend d'autant mieux que, reconnaissant son incompétence pour exprimer avec autorité son opinion sur les éléments divers qui se rattachent à cette question, elle croit devoir, au contraire, déclarer expressément qu'elle s'est abstenue de se livrer à cet égard à des investigations qui n'auraient pas pu aboutir : elle se bornera donc, relativement à cette partie du projet, à quelques observations générales en commençant par en faire une qui lui a paru d'une très-grande importance, et sur laquelle elle prend la liberté d'appeler votre sérieuse attention.

1° Le plan qui a été communiqué à la commission présente une disposition défectueuse et qui ne se trouvait pas dans les plans primitifs.

Les plans primitifs, en effet, comprenaient deux bassins placés à quelque distance l'un de l'autre, tous deux à peu près perpendiculaires à la rivière communiquant entre eux et ayant chacun une écluse qui les mettait en communication avec le fleuve. L'ensemble de l'établissement possédait donc deux écluses, et il a paru à la commission nécessaire d'ajouter au projet qui lui est soumis une seconde écluse, car il est manifeste que, si l'écluse unique avait besoin de réparations de quelque importance, les communications du bassin à flot avec le fleuve seraient complètement interrompues. MM. les Ingénieurs se sont ralliés à cette pensée. Il suffirait que la seconde écluse eût 12 mètres de largeur et 60 mètres de longueur. L'existence de cette seconde écluse présenterait, en outre, l'avantage considérable que, lorsqu'on s'en servirait pour les navires qui ne seraient pas du plus grand tonnage, on y trouverait une grande économie d'eau relativement à ce qu'exigerait le service de la grande écluse.

2° Ainsi que nous l'avons constaté plus haut, la commission pense que la forme de radoub, au lieu d'être placée dans l'axe de l'écluse et dans celui de la première section du bassin, ainsi que l'indique le plan, doit être construite le long du quai nord du bassin, mais non à l'extrémité.

3° Quant aux autres dispositions principales du projet, c'est-à-dire les dimensions de l'écluse principale avec son avant-port, les dimensions des bassins, sauf ce qui a été dit quant à la largeur, leur profondeur, leur alimentation par des eaux claires provenant de la jalle de Blanquefort, la commission pense que l'ensemble de ces dispositions est bien entendu, et ne voit pas d'objection à présenter à leur sujet.

4° Seulement, quant à la direction de l'écluse d'entrée, la commission pense, conformément à ce qui a été dit plus haut, que cette direction devrait être oblique, tout en réservant à ce sujet l'opinion de la commission nautique.

§ 8. — *Observations exprimées au registre d'enquête.*

La commission, Monsieur le Préfet, a soigneusement examiné les diverses observations qui ont été consignées au registre d'enquête, et nous allons en représenter ici le résumé, en commençant par remarquer que, d'accord avec l'opinion unanime de la commission, la plupart des personnes qui sont venues déposer à l'enquête ont émis une opinion favorable au projet.

Quelques personnes ont critiqué l'emplacement projeté du bassin; mais la commission pense que l'emplacement indiqué est convenablement choisi, parce qu'il ne serait pas possible, sans dépenser énormément plus, de placer les docks plus près du centre de la ville.

Quelques personnes ont exprimé l'opinion que la grandeur du bassin projeté serait insuffisante; mais la commission pense que, dans l'état actuel du commerce de Bordeaux, il n'y a pas lieu de donner immédiatement à ces bassins de plus grandes dimensions, sauf ce qui a été dit relativement à leur largeur.

Un des déposants au registre d'enquête, M. Raoul Balguerie, a demandé que le projet comportât une seconde écluse; pensée qui s'accorde avec le projet primitif de MM. les Ingénieurs et avec l'opinion exprimée par la commission.

M. Balguerie proteste contre la pensée de livrer à la Chambre de commerce l'exploitation des établissements projetés, et voudrait qu'ils fussent réservés à l'industrie privée. La commission n'a pu partager à cet égard l'opinion de M. Balguerie. Elle ne pense point avec lui qu'aucune disposition légale interdise à la Chambre de commerce de faire cette opération, et en l'absence de tout projet positif présenté par l'industrie privée, et qui lui parût présenter des avantages supérieurs, la commission a pensé qu'elle devrait donner son adhésion au projet actuel qui lui paraît tout à fait satisfaisant, au point de vue des intérêts publics. M. Balguerie conclut en faisant des réserves relativement aux indemnités auxquelles il pourrait avoir droit, en raison de l'antériorité des études et des projets dont il est l'auteur, relativement à la création des docks à Bordeaux.

Diversés personnes ont fait des observations contraires au projet de placer la forme de radoub au-delà du chemin de Labarde; cela est d'accord avec l'opinion exprimée par la commission.

Diverses observations ont également été produites relativement à la direction de l'écluse. Quelques personnes voudraient qu'elle eût une direction oblique vers l'aval, et d'autres vers l'amont du fleuve. La commission s'est déjà exprimée sur ce point.

M. Pastoureau, ingénieur de la Compagnie des chantiers et ateliers de l'Océan, donne son adhésion au projet de bassin à flot soumis à l'enquête, et désire que son exécution se fasse le plus promptement possible.

Quant à la forme de radoub, il ne lui donne point la même adhésion et se fonde, à cet égard, sur ce que cet établissement fera, aux établissements du même genre qui existent déjà ou qui sont en cours d'exécution, une concurrence préjudiciable effectuée avec l'argent de l'État; ce qui, ajoute-t-il, est contraire aux principes économiques aussi bien qu'à l'équité. Il fait, à cet égard, toutes réserves en faveur des établissements actuellement existants, relativement au préjudice qui pourrait en résulter pour eux.

La commission n'a pas cru devoir exprimer un avis défavorable au projet de forme de radoub, par suite des observations de M. Pastoureau; elle a considéré, notamment, que, dans l'appréciation de beaucoup d'hommes compétents, les établissements actuels sont insuffisants pour effectuer le radoub des navires de la plus grande dimension. Or, saurait-on blâmer le Gouvernement d'intervenir avec bienveillance pour doter le port de Bordeaux d'un établissement indispensable à sa prospérité?

M. Manès, ingénieur des mines, a bien voulu adresser aux divers membres de la commission un exemplaire d'une notice qu'il a publiée et qui a paru dans les journaux, sur l'établissement soumis à l'examen de la commission d'enquête.

En principe, et d'une manière générale, M. Manès approuve le projet. Il reconnaît que le port de Bordeaux est actuellement insuffisant; que les quais verticaux en cours de construction seront insuffisants aussi, il pense que la création de docks à Bordeaux serait d'autant plus nécessaire pour suppléer à cette insuffisance, que l'on trouverait dans les docks de plus grandes facilités de chargement et de déchargement et de meilleures dispositions pour la manutention de la marchandise. Il croit, d'ailleurs, que la construction des docks à Bordeaux et leur alimentation par les eaux claires de la jalle de Blanquefort sont parfaitement possibles; mais après avoir ainsi donné son approbation au projet, M. Manès fait les observations suivantes :

1° Il croit que les prévisions de dépenses seront dépassées, et qu'elles arriveront au chiffre de 16 millions.

2° Il se préoccupe de voir la Chambre de commerce demander non-seulement la concession des établissements projetés, pour une durée aussi longue que quatre-vingt-dix-neuf ans, mais encore demander la faculté de rétrocéder cette concession, soit de gré à gré, soit par adjudication. Il trouve là une sorte de contradiction avec ce que la Chambre de commerce avait, dit-on, fait précédemment, alors qu'elle demandait d'être préférée à des compagnies particulières, par la raison qu'une fois son capital amorti, elle pourrait réduire les frais de manutention et de magasinage à ce qui serait strictement nécessaire pour couvrir les deboursés d'exploitation. M. Manès déclare qu'il serait étonné qu'une telle demande ne soulevât pas quelques réclamations.

D'après les informations prises par la commission, ces dernières objections de M. Manès reposent sur une erreur produite par le fait que M. Manès n'a eu connaissance que d'une ancienne demande adressée par la Chambre de commerce au Gouvernement, à une époque où les conditions de l'établissement du bassin à flot à Bordeaux se présentaient d'une façon très-différente de ce qu'elles sont aujourd'hui; mais actuellement, la Chambre de commerce demande simplement à transporter sur le bord des bassins à flot l'entrepôt qu'elle dirige aujourd'hui, et elle ne demande point la faculté de rétrocéder cette concession.

3° M. Manès constate que le tarif proposé pour le dock-entrepôt de Bordeaux est entièrement conforme à celui du Havre, et il fait remarquer que, pour certaines marchandises, il en résulterait une aggravation de charges relativement aux tarifs actuellement en vigueur.

La commission s'est préoccupée de ce point; mais les membres de la Chambre de commerce qu'elle comptait dans son sein ont fait observer que, s'il était vrai qu'en effet les tarifs projetés présentassent sur quelques articles, relativement aux tarifs actuels, une légère aggravation de charges qui lui avait paru rationnelle, cela était compensé par des dégrèvements sur d'autres marchandises qui lui avaient paru rationnels aussi, et que, par suite, les frais actuellement supportés par les marchandises ne seraient point augmentés dans leur ensemble.

D'ailleurs, la commission a la certitude que la Chambre de commerce fera, relativement aux frais de magasinage et autres, dans ces nouveaux entrepôts, ce qu'elle a déjà fait précédemment, c'est-à-dire que, mettant de côté toute pensée de bénéfice, qui pour elle est sans motif, elle abaisserait graduellement ses tarifs de magasinage et de manutention à ce qui lui serait strictement nécessaire.

CONCLUSIONS

Après avoir examiné les diverses questions successivement traitées dans ce rapport, la commission exprime, en concluant, les opinions suivantes :

1° L'établissement projeté d'un bassin à flot et d'une forme de radoub sera éminemment favorable au commerce de Bordeaux. Sa création est indispensable et urgente, soit en raison des nécessités du présent, soit en raison des nécessités de l'avenir. Ne pas suivre d'un pas égal les progrès qui se produisent autour de nous serait rétrograder, et lorsque tous les grands ports de France, comme les principaux ports de l'étranger, sont dotés de bassins à flot et de magasins qui facilitent au plus haut degré le mouvement de la navigation et des opérations commerciales, le port de Bordeaux ne saurait, sans un véritable danger pour sa prospérité, en être plus longtemps privé. Le principal motif qui, jusqu'ici, avait fait ajourner cette création à Bordeaux, c'est qu'elle n'aurait pu se faire qu'à des conditions qui se seraient traduites en charges très-onéreuses pour le commerce. Mais l'intervention bienveillante de l'État, à Bordeaux, comme pour les autres grands ports de France, fait disparaître ces objections, et dès lors on ne saurait voir qu'avantage dans la création de l'établissement que le projet actuel a pour objet.

2° La commission est d'avis que la forme de radoub, au lieu d'être placée comme l'indique le plan qui lui a été soumis, doit être placée dans une des parties du côté nord du bassin, mais non à l'extrémité.

3° La commission pense que la largeur de 120 mètres, indiquée pour le bassin à flot, devrait être portée à 150 mètres dans la première section, à moins qu'il ne soit adopté pour la construction du bassin, ainsi que cela a été dit dans le cours du rapport, des dispositions qui permissent de créer à l'entrée même du bassin un espace plus large que le reste, c'est-à-dire ayant 150 mètres de largeur, et où les plus grands navires pourraient ainsi évoluer. La largeur de 50 mètres projetée pour les quais devrait toujours être maintenue.

4° Quant à maintenir la direction de l'écluse perpendiculairement au cours du fleuve ou dans une direction oblique vers l'amont ou vers l'aval, la commission incline à penser que la direction oblique vers l'amont, le plus près possible de la manufacture de porcelaines, serait une disposition préférable; mais elle subordonne, dans une certaine mesure, son opinion sur ce point à celui de la commission nautique qui doit examiner le projet. La commission pense que le plafond de l'écluse devrait être placé à 3 mètres au-dessous de l'étiage, au lieu de 2 mètres, comme cela est indiqué au projet.

5° La commission pense que les établissements commerciaux projetés par la Chambre de commerce doivent être placés, ainsi que cela est indiqué sur le plan n° 6, sur la rive droite du bassin. Le terre-plein de la rive droite ayant 50 mètres de largeur, la commission pense que 20 mètres couverts de hangars devraient être réservés au public, soit pour la circulation, soit pour la manutention des marchandises, sans pour cela exclure la Chambre de commerce de l'usage de ces mêmes hangars, concurremment avec le public. Au-delà des 20 mètres seraient construits les magasins de la Chambre de commerce, et des voies charretières et ferrées seraient partout ménagées pour permettre la circulation facile des marchandises dans les diverses parties de l'établissement. Il est probable aussi que la construction de hangars sur la rive gauche du bassin à flot serait également nécessaire et devrait être confiée à la Chambre de commerce; mais la commission, n'étant pas appelée à se prononcer sur cette question, s'abstient d'émettre un avis.

La Chambre de commerce devrait être autorisée à exproprier une zone de terrain au-delà des 50 mètres de quai indiqués au projet, pour pouvoir donner à ses magasins toute l'extension nécessaire.

6° La commission exprime l'avis formel auquel MM. les Ingénieurs se sont ralliés, qu'une seconde écluse soit faite à côté de la première, ou, ce qui serait préférable, à quelque distance et dans une position tout à fait indépendante. Cette seconde écluse ne devrait avoir qu'une largeur de 12 mètres, et une longueur de 60 mètres serait sans doute suffisante.

Nous ne terminerons pas, Monsieur le Préfet, en vous transmettant ainsi une opinion favorable sur le projet que vous avez bien voulu soumettre à nôtre examen, sans vous dire combien la commission a apprécié ce qu'aurait d'avantageux et de bienveillant pour le commerce de Bordeaux la puissante intervention du Gouvernement pour permettre de fonder dans notre ville un établissement commercial devenu indispensable à la prospérité de notre port.

La plupart des grands ports de France, le Havre, Marseille, Nantes, ayant été pourvus d'établissements semblables, avec le concours du Gouvernement, il était juste que Bordeaux en fût pourvu à son tour, et la commission croit devoir exprimer ici sa gratitude pour cet acte de bienveillante justice.

Veuillez agréer, etc.

Les membres de la commission :

A. LALANDE, *rapporteur ;* J. BLANCHY, BETHMANN, CHALÈS, LAURENT, CORTÈS, N. JOHNSTON, CHAUMEL, H. TANDONNET, A. LÉON.

Bordeaux, le 16 avril 1867.

———

AVANT-PROJET D'UN BASSIN A FLOT ET D'UNE FORME DE RADOUB

———

RAPPORT

de la Commission nautique.

(Du 20 avril 1867.)

La commission nautique, réunie à Bordeaux, en vertu d'une dépêche ministérielle, en date du 18 février 1867 (1), pour examiner un avant-projet de bassin à flot et de forme de radoub, avait à émettre son avis : 1° sur l'utilité de ces ouvrages; 2° sur la direction de l'écluse projetée relativement au cours du fleuve; 3° sur la largeur à donner à cette écluse ainsi qu'au bassin; 4° sur la position que doit occuper la forme de radoub dans le bassin; enfin 5° sur l'emplacement à donner aux établissements commerciaux projetés.

Ces questions étaient posées à la Chambre de commerce de Bordeaux en même temps qu'à la commission nautique; elles avaient

———

(1) Cette commission, d'après la dépêche citée et un arrêté préfectoral en date du 12 avril, est composée de MM. Chevalier, capitaine de vaisseau, *président;* Bouquet de la Grye, ingénieur hydrographe, *secrétaire;* Tartara, commissaire de l'inscription maritime; Chalès, membre de la Chambre de commerce; Pastoureau, ingénieur en chef des chantiers et ateliers de l'Océan; Mendousse, capitaine de port; Guérin, capitaine au long-cours. — M. le Président de la commission a prié M. l'ingénieur en chef Pairier, ainsi que l'ingénieur ordinaire M. Stoecklin, d'assister aux séances de la commission pour fournir les explications nécessaires à la complète discussion des questions qui lui étaient posées. La commission a également entendu les observations présentées par M. le Directeur du port de Bordeaux, et M. de Somers, capitaine des Messageries impériales.

aussi fait l'objet d'une enquête publique; la commission a donc dû considérer chacune d'elles uniquement en ce qui regardait l'intérêt de la navigation.

A ce point de vue spécial, l'utilité du bassin lui a semblé incontestable.

Le port de Bordeaux voit son commerce s'augmenter chaque jour, tandis que l'espace offert au mouillage des bâtiments subit plutôt une diminution graduelle. Les moyens indiqués pour grouper ou serrer davantage les navires ont tous donné lieu à des objections sérieuses; l'emplacement nécessaire à l'embarquement et au débarquement des marchandises manque, et le commerce, qui ne peut admettre aujourd'hui un retard dans ses opérations, est justement effrayé des obstacles qui viendraient s'opposer à un accroissement de prospérité.

En examinant ce qui se passe dans d'autres ports, on voit qu'en France, aussi bien qu'en Angleterre, la création des bassins à flot dans les localités où existe l'élément commercial, a donné une telle impulsion au mouvement des bâtiments, une telle économie dans les frais accessoires, que la question se trouve jugée pour Bordeaux, aussi bien au point de vue des facilités nautiques qu'à celui du commerce. La commission ne peut donc qu'émettre un avis favorable à l'accomplissement rapide du travail projeté.

Emplacement de l'entrée.

La commission a cru devoir, en premier lieu, se préoccuper de la position de l'entrée des bassins, en examinant quelles conséquences pouvaient résulter de cette position, située en aval du mouillage et presque vis-à-vis la barre de Bacalan.

Les motifs qui l'avaient fait préférer, et qui se trouvent exposés brièvement dans le rapport de l'ingénieur ordinaire, étaient de reporter les mouvements que va déterminer la création du bassin à flot en dehors de ceux du port même de Bordeaux. On supposait, en outre, qu'il était indifférent de placer cette entrée près d'un seuil puisque ces mouvements devaient toujours se produire aux environs de la haute mer.

La commission, tout en regrettant que l'auteur du projet n'ait pu venir devant elle développer plus complètement ces motifs, n'a pas cru voir dans les lignes de l'avant-projet qui lui était soumis une détermination mathématique de l'entrée, puisque le rapport la plaçait seulement entre la manufacture de porcelaines et les Magasins de la marine.

Dans une des questions qui lui étaient soumises, on lui demandait, en outre, son avis sur l'orientation des écluses, ce qui entraînait forcément un déplacement de cette même entrée en amont ou en aval, suivant l'orientation adoptée.

Elle a donc cru pouvoir discuter, tout en restant dans le programme qui lui était tracé, les inconvénients spéciaux à la place occupée par l'écluse de l'avant-projet, et donner les raisons qui militaient en faveur de son transport plus en amont, près de la manufacture de porcelaines.

La première considération, invoquée par l'ingénieur ordinaire, de déterminer le mouvement causé par la présence du bassin en dehors de celui propre au port de Bordeaux, subsiste presque dans son entier, si l'on remarque que le déplacement dont il s'agit n'est que d'une centaine de mètres, l'entrée n'arrive que vis-à-vis le commencement du mouillage. On peut ajouter que l'exemple de ce qui se passe en France ou en Angleterre, et les espérances même du commerce de Bordeaux sont de voir la création de bassins à flot rendre progressivement à la rivière sa liberté.

La Mersey est aujourd'hui entièrement débarrassée de ses navires, aussi bien que la rade de Saint-Nazaire, et chaque entrée se trouve placée, autant que possible, vis-à-vis un mouillage.

On ne doit donc craindre de gêne provoquée par de doubles mouvements.

Quant à l'heure de la marée, où les manœuvres devront ou pourront se produire, le projet mis sous les yeux de la commission permettra le sassement et l'introduction des navires, non-seulement près de la pleine mer, mais encore aux deux tiers, quelquefois à mi-marée.

Les navires à voiles arriveront donc d'aval avec le flot, et l'emplacement de l'entrée vis-à-vis la barre les forcera de venir sur tribord, avant d'avoir dépassé la pointe sud du haut fond de Bacalan, pour pouvoir être en mesure de s'amarrer près de l'entrée.

Cette manœuvre empêchera le navire de passer sur la partie la plus basse du seuil, reculera par cela même l'heure de son entrée, et pourra, en morte eau, le forcer de venir d'abord mouiller au large pour se touer ensuite à grand'peine vers les écluses, au lieu d'arriver directement près d'elles.

Pour les navires du commerce qui viendront d'amont, cette opération se fera à l'étale de pleine mer ou au commencement du jusant si l'on n'a pas l'assistance d'un remorqueur.

Or, il peut arriver qu'un accident, un échouage, un retard dans les manœuvres rendent l'entrée impossible. Comme on ne peut passer la marée vis-à-vis l'écluse, à cause du peu de profondeur de la rivière, on sera dans l'alternative ou de demander un remorqueur, ou de se laisser dériver à plus de 2 kilomètres en aval, pour trouver le mouillage de Lormont.

Pour les bâtiments à vapeur, cette difficulté n'existerait pas s'ils venaient d'amont, mais elle se produirait, dans une certaine mesure, à cause de leur longueur, lorsqu'ils remonteraient avec le flot.

Ces considérations ne sont pas les seules qui aient impressionné la commission. D'après les chiffres qui lui ont été présentés, non-seulement le mouillage de Bordeaux subit une lente détérioration, mais le banc de Bacalan s'étend de plus en plus au large en même temps qu'il remonte en amont le long de la rive gauche.

Pour atteindre aujourd'hui la profondeur de 3 mètres au-dessous de l'étiage, il faut, vis-à-vis l'entrée projetée, s'avancer jusqu'au triple de la distance qui sépare ce fond de la rive à quelque cent mètres en amont. Or, la construction d'une écluse, celle d'estacades destinées à en faciliter l'entrée provoqueront nécessairement un envasement que des chasses ou des dragues devront continuellement enlever; ne semble-t-il pas alors dangereux de se placer dans une telle condition que l'on doive dès aujourd'hui se préoccuper non-seulement des envasements, conséquence des travaux, mais encore de ceux qui résultent de la forme même du cours du fleuve et que provoque le déplacement du thalweg de la rive gauche sur la rive droite?

La commission émet donc l'avis qu'il y a lieu de reporter l'entrée vis-à-vis le commencement du mouillage, c'est-à-dire de la rapprocher le plus qu'il sera possible de la manufacture de porcelaines.

Les motifs qui la déterminent disparaîtraient, du reste, si, par des dragages, on prolongeait le mouillage en aval, et si l'on creusait une meilleure passe dans le seuil de Bacalan.

Orientation de l'écluse.

La position de l'entrée à l'extrémité aval d'un mouillage, condition particulière qui fait qu'elle doit servir aussi bien à des navires venant du haut que du bas de la rivière, au commencement du jusant ou à la fin du flot, fait penser à la commission que l'orientation préférable est celle qui fait un angle à peu près droit avec le cours du fleuve; elle n'offre ainsi de mauvaises conditions dans aucun cas.

Seulement, au lieu des plans inclinés dessinés à l'extérieur dans l'avant-projet, elle a pensé qu'il y avait lieu de prolonger, en dehors du chenal, qui constituera une espèce d'avant-port, deux estacades ouvertes en éventail permettant, dans tous les cas, à un navire qui manquerait l'entrée de s'appuyer sur l'une d'elles et de se haler avec ses amarres jusqu'en dedans des rives. Ces estacades, construites avec de larges travées, pour ne pas favoriser les envasements, seraient, du reste, également indispensables pour la sortie des bâtiments, sauf au cas où ils seraient à vapeur ou remorqués. Mais la commission pense que le plus souvent l'entrée ne sera pas directe, c'est-à-dire que les navires se laisseront dériver vis-à-vis le chenal pour se haler ensuite dans l'intérieur, et comme ces manœuvres se feront toujours avec du courant, il importe de ne pas venir s'échouer en amont ou en aval. De là la nécessité de disposer ces estacades en dehors, en les faisant arriver presque parallèlement à la rive dans les fonds de 3 mètres, et cela sur une longueur égale à celle du navire, c'est-à-dire d'environ 60 mètres.

Largeur de l'écluse.

La commission, appelée à émettre un avis sur la largeur à donner aux portes de l'écluse, a pris connaissance des dimensions des navires construits dans ces dernières années tant en France qu'en Angleterre.

Elle a reconnu que les largeurs, qui allaient en croissant progressivement, ont subi aujourd'hui un temps d'arrêt parce qu'une transformation était décidée non-seulement en principe dans l'esprit des constructeurs, mais qu'elle recevait déjà son exécution dans des compagnies ayant fait des dépenses considérables pour la construction de leur matériel.

Les bateaux à roues sont abandonnés aujourd'hui à cause de l'emplacement énorme de la machine, de son poids et de la dépense qu'elle occasionne par cela même, et les avantages de l'hélice ou de la double hélice sont tels que l'on peut dire que les derniers grands bateaux à roues ont été mis sur les chantiers.

Il suffit donc alors de satisfaire aux largeurs actuelles pour aller au-delà des exigences de l'avenir.

Or, les deux plus grands vapeurs à roues (excepté le *Great-Eastern)*, le *Persia* et le *Vanderbilt*, ont moins de 24 mètres de large. Leur tirant d'eau, d'ailleurs, ne permettrait pas de les remonter jusqu'à Bordeaux.

Les vapeurs des Messageries ont 19^m26 hors tambours, et on ne pourrait augmenter, dans l'état actuel de la rivière, cette largeur, car elle est liée aussi à un tirant d'eau qui ne saurait, pour un service usuel, dépasser 6 mètres (les bateaux des Messageries calent 5^m15).

En supposant même à la fois des améliorations dans la rivière et l'emploi peu probable d'un ancien matériel, on n'arriverait encore qu'à une augmentation bien au-dessous du chiffre de 24 mètres de l'avant-projet, tandis qu'en regard, nous voyons les nouveaux trans-atlantiques de 900 chevaux, dont le tirant d'eau surpassé 7 mètres, ne pas dépasser 13 mètres de largeur.

Ces considérations ont amené la commission à penser que cette révolution dans l'ancien système des paquebots rend, non-seulement inutile un accroissement dans la largeur des écluses fixée, dans l'avant-projet, à 24 mètres, mais encore qu'elle amène à réduire cette même dimension d'environ 2 mètres. Avec 22 mètres de largeur, la commission pense qu'on satisfera aux nécessités du présent et que certainement on sera au-delà des exigences de l'avenir.

La commission, arrivée à ce point de son examen, préoccupée, d'une part, des inconvénients graves qu'apporterait au commerce une interruption de service causée par un accident dans une des portes, a craint, de l'autre, que, dans les grandes sécheresses, le canal de dérivation ne puisse peut-être pas apporter un nombre d'éclusées suffisantes si ces sassements étaient tous d'un grand volume.

La commission, sous toutes réserves, a pensé que ce double inconvénient disparaîtrait si on accolait une deuxième écluse à la première. Cette deuxième, n'ayant que 13 mètres de largeur, serait celle du service ordinaire, celle de tous les bateaux de commerce, des paquebots de construction récente, et, dans cette combinaison, pour ne pas augmenter, par une amélioration des conditions du bassin, la dépense du système complet, on pourrait faire jouer à la plus grande des deux le double rôle qu'elle remplit dans quelques ports, d'être à la fois écluse d'entrée et bassin de radoub. On ajournerait ainsi et provisoirement toute autre construction de ce genre dans l'intérieur du bassin.

La commission fait remarquer, à l'appui de cette modification dans l'avant-projet, que dans le dossier qui lui a été remis (Notes de l'enquête), des réclamations se produisent au sujet du projet de construction d'un bassin de radoub. On y objecte que les installations actuelles du port de Bordeaux peuvent, sauf pour les bateaux des Messageries, satisfaire, en tant que réparations, aux besoins de la navigation; on fait remarquer qu'un travail subventionné ne peut venir faire une concurrence directe à des entreprises particulières; que l'administration des Messageries est moins intéressée elle-même qu'autrefois à la création d'un bassin de carénage, puisqu'elle subventionne une compagnie qui doit lui fournir, dans un délai rapproché, un moyen de visiter et de réparer ses bâtiments. La double fonction de la grande écluse aurait l'avantage de placer la question en dehors d'une telle réclamation; de répondre à la fois aux rares entrées des grands paquebots, aux cas plus rares encore de réparations dans cette forme, et enfin de mieux assurer le service du bassin à flot; la construction de la forme de radoub serait alors ajournée, tout en admettant que l'extension du commerce ou des modifications dans les habitudes actuelles puissent ultérieurement la rendre indispensable.

Quant à la longueur à donner aux écluses, elle doit aller au devant de l'augmentation non interrompue de steamers, et la commission a jugé le chiffre de 120 mètres de l'avant-projet très-convenable. Dans le cas où on admettrait la construction de l'écluse de 13 mètres, elle contiendrait alors ou un transatlantique à hélice ou deux grands bateaux marchands.

Largeur du bassin. — Doit-on porter cette largeur de 120
à 140 mètres?

Dans le plan qui a été présenté à la commission, cette largeur est fixée à 120 mètres; mais un enfoncement se trouve sur la droite, ce qui donne une espèce de gare d'évitage de 170 mètres de longueur à l'entrée même du bassin.

Sans attacher une importance absolue à une telle disposition, la commission a pensé, cependant, qu'elle satisfaisait aux conditions demandées. Elle fait remarquer que, si la forme était rectangulaire, il serait également inutile de porter partout sa largeur à 140 mètres, puisque tous les évitages peuvent être faits en un même point, s'il est situé près des écluses.

La disposition présentée à la commission lui a paru convenable, parce qu'elle permet de rassembler d'avance, pour la sortie et dans un espace suffisamment grand, les bâtiments dispersés en divers points du bassin. Dans le plan dont nous parlons, l'emplacement de la forme de radoub est indiqué dans le pan coupé placé presque vis-à-vis l'entrée; l'accès en est des plus faciles, et il devient alors inutile de discuter le déplacement du chemin situé à l'ouest du bassin, ainsi que la construction d'un pont tournant pour son service.

Au point de vue des intérêts de la navigation et en ce qui concerne la position de cette forme, la commission ajoute seulement qu'aucune construction permanente, celle-ci aussi bien que les magasins, ne doit être placée du côté où, dans l'avenir, se feront les annexes du premier bassin, c'es-à-dire au nord-ouest.

L'avant-projet ne donne, en effet, à ce bassin qu'une étendue de 8 hectares environ et, en face de ce chiffre, on doit placer celui de 36 hectares (prévu ou en construction) pour Saint-Nazaire et aussi celui de 180 hectares donné au bassin de Liverpool.

Quelque modestie que l'on mette donc dans l'appréciation du développement du commerce de Bordeaux, on ne peut penser à lui donner, au moyen du projet actuel, une satisfaction complète. L'avenir doit donc être entièrement réservé et une possibilité d'extension doit être prévue dès aujourd'hui. — En réponse à la dernière question qui lui était soumise, les établissements commerciaux doivent-ils occuper le terre-plein de la rive droite et être construits bord à quai, ou conviendra-t-il, au contraire, de les porter en arrière? la commission a émis l'avis que les intérêts du commerce, la prompte manutention des marchandises, leur surveillance, nécessitaient le rapprochement des magasins du quai et, en tout cas, un abri sur ce même quai. Sans entrer dans le détail des dispositions qui peuvent être prises à cet égard, elle a pleine confiance dans le soin avec lequel l'administration s'inspirera à la fois et des besoins locaux et des systèmes perfectionnés employés dans les docks.

En résumé :

La commission, examinant les bases de l'avant-projet d'un bassin à flot pour Bordeaux, émet, à l'unanimité, les avis suivants sur les points qui lui sont soumis;

Elle pense qu'il y a un intérêt nautique certain pour le présent, une garantie de durée pour l'avenir, à reporter un peu en amont l'entrée de ce bassin à flot;

Elle croit que, quelle que soit la position de cette entrée, il est utile de conserver à l'axe de l'écluse une direction à peu près normale au cours du fleuve, et indispensable de faire précéder le chenal avant-port d'une double estacade en éventail;

Elle émet l'avis que l'on peut, en présence de la transformation actuelle des paquebots à roues en vapeurs à hélice, descendre jusqu'à 22 mètres la largeur de l'écluse;

Sous toutes réserves, et autant en vue d'un service du bassin plus assuré que d'une plus grande économie d'eau dans les éclusées, elle fait observer qu'on pourrait accoler à la grande écluse une deuxième de 13 mètres de largeur suffisante pour les besoins ordinaires du commerce. La grande écluse remplirait alors le double but de servir aux entrées exceptionnelles et provisoirement, pour les bateaux des Messageries, de bassin de radoub. Cette double communication avec le fleuve pourrait ultérieurement avoir aussi son utilité si l'on augmentait la surface des bassins.

En ce qui concerne l'emplacement de la forme de radoub intérieure, la commission le préfère dans le voisinage de l'écluse, mais surtout il ne doit pas être un obstacle à l'extension future du bassin.

La largeur de ce bassin, portée à 120 mètres, répond aux besoins du commerce, s'il est réservé une gare d'évitage près de l'entrée.

La commission, en terminant, émet le vœu que ce travail puisse s'accomplir le plus rapidement possible; elle reconnaît qu'il est de nécessité impérieuse et qu'une relation intime le lie à la prospérité du pays.

Les membres de la commission,

Édouard GUÉRIN, MENDOUSSE, CHALÈS, PASTOUREAU, TARTARA, BOUQUET DE LA GRYE, CHEVALIER.

Bordeaux, le 20 avril 1867.

Il n'est pas inutile de placer ici, comme renseignement relatif à l'encombrement de la rade dans l'automne de 1866, un extrait textuel du registre de correspondance du capitaine du port de Bordeaux :

« Bordeaux, le 18 septembre 1866.

» Dans les mois de juillet et septembre de cette année, j'ai été forcé, faute de place dans notre port, soit en rade, soit le long des quais des Chartrons et de Bacalan, de donner l'ordre aux lamaneurs de la station de Pauillac de ne piloter les navires que jusqu'en rade de Lormont.

» Cette consigne a duré douze jours chaque fois.

» Le nombre des corps-morts qui peuvent recevoir des navires d'un tirant d'eau de 5 à 6 mètres et d'une longueur de 45 à 50 mètres, établis depuis le pont de Bordeaux jusqu'au débarcadère des bateaux à vapeur transatlantiques, est de treize, dont huit dans la rade des Chartrons et cinq depuis le quai du Pont-Saint-Jean jusqu'à l'Entrepôt. Ces corps-morts sont mouillés en première ligne ; les autres corps-morts de cette ligne peuvent recevoir des navires d'une calaison de 4^m à 4^{m}66 et d'une longueur de 40 mètres. En deuxième ligne, depuis le pont jusqu'à l'Entrepôt, on peut placer, soit sur les corps-morts, soit sur leurs ancres, des navires d'un tirant d'eau de 4^{m}50 à 5 mètres et d'une longueur de 40 mètres au plus.

» En deuxième ligne en rade des Chartrons, où il n'existe pas de corps-morts, je ne puis placer que des navires de 3^m à 3^{m}33 de tirant d'eau, à cause du banc des Queyries.

» Si je n'avais pas eu la facilité d'amarrer des navires à quatre amarres le long des quais des Chartrons et de Bacalan, j'aurais été obligé de donner des ordres pour faire stationner des navires non-seulement à Lormont, mais encore à Lagrange ou à Pauillac. Le commerce aurait beaucoup souffert de cette mesure forcée.

» Le seul moyen d'éviter des retards dans le déchargement et chargement des navires et les embarras dans lesquels je me suis trouvé pendant deux ans pour placer les navires dans notre port, dans plusieurs circonstances, et probablement encore le mois d'octobre prochain, époque à laquelle arrivent les navires de Terre-Neuve et d'Islande (quatre-vingt-huit, l'année dernière), ce serait l'établissement d'un dock et d'un bassin assez grand pour recevoir

les bateaux à vapeur transatlantiques et les grands navires qui fréquentent le port de Bordeaux.

» *Le capitaine du port,*

» MENDOUSSE. »

Nota. — « Je crois devoir signaler un fait qui est arrivé l'année
dernière, en septembre, dans la rade des Chartrons, au changement
de marée : Un navire norwégien, amarré sur le corps-mort nº 4,
tirant 5ᵐ66 et d'une longueur de 50 mètres, toucha sur l'accore du
banc des Queyries ; après s'être dégagé par la marée qui montait et
en venant à l'appel du corps-mort, la secousse fut tellement forte
qu'elle fit rompre la chaîne. Cette traque tomba sur celle qui était
sur son arrière, et cette masse de cinq navires dérivait vers le haut
du fleuve ; les capitaines, qui étaient à leur bord, s'empressèrent de
faire mouiller une ancre de bossoir ; cette manœuvre étala les cinq
navires. Les suites de ce fâcheux événement auraient pu être désas-
treuses pour les intéressés. »

EXTRAIT

DU

REGISTRE DES DÉLIBÉRATIONS DU CONSEIL MUNICIPAL DE LA VILLE DE BORDEAUX

Séance du 24 mai 1867.

Aujourd'hui vingt-quatre mai mil huit cent soixante-sept, le Conseil municipal de la ville de Bordeaux s'est réuni dans l'Hôtel-de-Ville, lieu ordinaire de ses séances, sous la présidence de M. A. DE BETHMANN, maire.

Présents à la séance : MM. GUIMARD, FOURCAND, BRUNET, LATASTE, BROCHON, GUIBERT, DUPRADA, CLÉMENCEAU, MANÈS, BLANCHY, SANSAS, DUBEDAT, BAUDRIMONT, THIBAUD, LUGEOL, LARRIEU, BOISSEUIL, TANDONNET, EYQUEM, SICARD, CHAIGNEAU, PAULET, DUVERGIER jeune, LE ROUZIC, COUSTEAU, LEGENDRE fils aîné, GAUFFARD, LAURENT, ORÉ et TROYE.

La séance est ouverte.

Au nom de la commission de l'administration locale, M. Tandonnet fait le rapport suivant sur l'avant-projet d'un bassin à flot, d'une forme de radoub et de docks dans le port de Bordeaux :

« MESSIEURS,

» Par sa lettre du 26 avril dernier, M. le Préfet de la Gironde a renvoyé à votre examen l'avant-projet relatif à la création dans le port de Bordeaux et dans le périmètre contenu entre le Magasin des vivres et la faïencerie d'une forme de radoub, d'un bassin à flot et de docks ou magasins servant d'entrepôt.

4

» Votre commission d'administration locale a été chargée par vous de l'étude de cette grave question à laquelle se rattachent les plus grands intérêts de notre cité. Elle a examiné avec soin tous les plans et les documents qui lui ont été fournis, et m'a fait l'honneur de me choisir pour vous rendre compte de ses impressions, de ses vues et de ses désirs.

» Permettez-moi, avant d'examiner la question, surtout au point de vue municipal, dans son ensemble et dans ses principaux détails, de vous en retracer aussi brièvement que possible l'historique, et de vous faire connaître les circonstances qui l'ont, en quelque sorte, provoquée.

» Depuis déjà bien des années, et longtemps même avant la création des Magasins généraux et des rails-ways construits par de grandes compagnies, l'indispensable nécessité de la construction à Bordeaux d'une forme sèche, ou cale de radoub, suffisante pour effectuer les carènes et réparations des navires d'un fort tonnage, se faisait vivement sentir, et la privation d'un établissement de cette nature occasionnait au commerce maritime des pertes sérieuses. L'industrie privée n'avait qu'imparfaitement, et à l'aide d'établissements insuffisants, cherché à y remédier.

» A côté de la pensée d'une cale de radoub, la spéculation comprit, sans se rendre bien compte des difficultés et des charges, qu'il y avait avantage à y réunir la construction d'un bassin à flot avec un niveau d'eau constant et uniforme, et l'adjonction de magasins entourant ce bassin, et de faire du tout un ensemble que le commerce s'empresserait d'utiliser.

» De nombreuses demandes tendant à des concessions pour la création tout à la fois d'instruments de radoub et de docks ou magasins annexés à des bassins à flot furent adressées à l'autorité et donnèrent lieu à des enquêtes. Aucune de celles qui avaient les docks pour objet n'a paru, jusqu'à présent, pouvoir être accueillie. Plusieurs autorisations, au contraire, pour construire des bassins de carénage ont été accordées. Mais, soit par suite du manque de capitaux ou des difficultés nombreuses inhérentes à l'entreprise, ces autorisations n'ont pas été suivies d'effet.

» La vérité nous oblige à dire aussi qu'à cette époque, soit de 1847 à 1855, le commerce ne se préoccupait guère de l'insuffisance proclamée aujourd'hui de la rade de Bordeaux et croyait sincèrement qu'avec des soins et des travaux réguliers et intelligents et la création de nouveaux quais verticaux, le port pourrait longtemps encore suffire aux besoins du commerce et de la navigation. Aussi la question des docks ou bassins à flot a-t-elle passé par des phases nombreuses et diverses, et a-t-elle trouvé des partisans nombreux et des adversaires déclarés.

» Déjà, en 1862, une commission mixte composée de membres de la Chambre de commerce et de conseillers municipaux auxquels, si mes souvenirs me servent bien, avaient été adjoints quelques hommes spéciaux, fut chargée d'étudier la question, et tout en reconnaissant l'utilité des établissements projetés, déclara que l'indispensable nécessité n'en était pas démontrée et qu'en tout état de choses l'exécution n'était possible qu'avec un large concours de la part de l'État.

» Depuis lors le développement considérable de la navigation dans le port de Bordeaux, dont j'aurai plus tard l'honneur de vous donner un aperçu, et surtout la transformation qui s'opère dans le mode de navigation où les bateaux à vapeur remplacent ou remplaceront presque complètement avant très-peu de temps tout ce qui est grand ou petit cabotage, ces deux causes, disons-nous, sont venues apporter de puissants arguments aux partisans de ces projets, et une circonstance bien favorable, dont nous allons vous entretenir, ne permet plus aujourd'hui à ceux qui veulent sincèrement le progrès et les améliorations possibles, à tous ceux qui comprennent les intérêts véritables du commerce et de la cité, de rester dans les rangs des adversaires du projet.

» En 1864, M. Béhic, alors ministre du commerce et des travaux publics, ordonna des études préparatoires, et des avant-projets faits par MM. Joly et Droeling furent soumis à l'approbation ministérielle; l'administration consulta à son tour la Chambre de commerce pour connaître ses intentions et ses vues sur le projet lui-même. Des observations furent faites, des négociations s'entamèrent, mais des difficultés graves s'élevèrent, surtout pour les voies et moyens. Le ministre eût voulu que la Chambre pourvût à l'exécution et au paiement de tous les travaux, sans autre concours de la part de l'État qu'une subvention très-minime et l'autorisation de prélever, à son profit, un droit de tonnage qui eût été utilisé au service des intérêts et à l'amortissement de l'emprunt qu'elle eût dû nécessairement contracter, autrement dit, c'était vouloir faire payer au commerce bordelais et conséquemment à toute notre population, ce qui avait été fait gratuitement pour les autres grands ports et principalement pour Saint-Malo et Saint-Nazaire. C'était grever indéfiniment et par exception le commerce maritime de lourdes charges dont les autres ports eussent été exempts. C'était, en outre, avec les éventualités et les chances inévitables dans l'exécution de travaux aussi considérables, engager bien au-delà de ses ressources la responsabilité et l'avenir de la Chambre de commerce.

» Aussi, la majorité de la Chambre, tout en reconnaissant que la création des établissements projetés était utile au commerce, se décida-t-elle à déclarer que s'il fallait les acquérir au prix de charges nouvelles et considérables, elle préférait y renoncer.

» La Chambre crut même utile de faire une démarche directe près de S. M. l'Empereur pour obtenir une modification aux conditions que voulait imposer le ministre, et nous devons ajouter que ses observations furent accueillies avec bienveillance et approbation. Les choses étaient en cet état lorsque M. Forcade de La Roquette fut nommé ministre du commerce et des travaux publics. Cet homme d'État, éminemment pratique et bienveillant, comprit de suite que pour doter notre ville des établissements qui lui manquait, il fallait en rendre l'exécution possible et ne pas faire acheter par des charges anormales le bien qu'on voulait réaliser.

» Les conditions qui nous furent faites étaient telles que toutes les dissidences d'opinion devaient s'effacer et qu'il ne restait plus qu'à seconder les vues larges et bienveillantes de M. le Ministre du commerce et des travaux publics.

» Voici, Messieurs, dans quelles conditions le projet actuel se présente :

» L'État prend à sa charge l'achat de tous les terrains nécessaires pour la construction de la forme sèche, du bassin à flot et de tous les établissements qui s'y rattachent, l'exécution de tous les travaux d'art relatifs aux abords et la construction des écluses du bassin à flot, de la forme de radoub, du bassin d'alimentation et de la rigole qui conduirait dans ce bassin les eaux de la jalle de Blanquefort, de l'expropriation desquelles il reste également chargé.

» Quel que soit le chiffre auquel reviendrait l'exécution de ces achats et de ces travaux, l'État se chargerait de leur complet et entier achèvement.

» Pour en activer l'exécution, la Chambre de commerce avancerait au Gouvernement, au fur et à mesure de l'avancement des travaux et au moyen d'un emprunt qu'elle contracterait, une somme de 10 millions, qui lui serait remboursée par l'État en dix annuités successives d'un million chaque, avec intérêts à 4 p. %.

» La différence d'intérêt entre ce taux et celui auquel serait contracté l'emprunt resterait à la charge de la Chambre de commerce, à laquelle il serait, en outre, concédé par l'État, contre paiement du prix d'expropriation parcellaire, l'étendue de terrain nécessaire pour la construction de ses magasins ou docks et autres installations commerciales.

» Voilà, Messieurs, où en est l'affaire aujourd'hui, et vous pourrez d'ores et déjà apprécier si la population entière ne doit pas accepter avec empressement et gratitude les offres qui sont faites par le ministre, désireux de doter notre ville de ces utiles établissements.

» Mais, comme notre conviction n'est peut-être pas partagée par tous, nous allons examiner les principales objections faites encore par les adversaires du projet et faire en sorte de prouver qu'elles ne sont pas fondées.

» Ils disent :

» 1° L'insuffisance de la rade pour les besoins de la navigation n'est pas réelle;

» 2° Le transfert indispensable à Bacalan de l'Entrepôt réel placé dans les docks sur les bords du bassin sera un déplacement du mouvement commercial et une gêne pour le petit commerce;

» 3° Les eaux de la jalle sur lesquelles on compte pour l'alimentation du bassin seront insuffisantes;

» 4° L'exécution de ces travaux fera négliger ceux déjà votés et déjà entrepris pour le prolongement des quais verticaux et ceux qui deviennent de plus en plus indispensables pour le curage et le dévasement de la rade;

» 5° Enfin, l'exécution de ces travaux et le creusement obligé de 8 ou 10 mètres de profondeur dans un terrain provenant en partie d'alluvions peut devenir une cause grave d'insalubrité et occasionner de ces terribles épidémies qui déciment une population.

» Permettez-moi de répondre aussi succinctement que possible à ces diverses objections :

» Sans partager les craintes exagérées de quelques esprits inquiets et sans ajouter une foi entière aux calculs qui ont servi à vouloir prouver qu'à des moments donnés notre rade est insuffisante pour contenir tous les navires qui la fréquentent, puisqu'il ressort du rapport même de la commission nommée pour contrôler et améliorer le mode d'amarrage usité dans notre rade que celle-ci ne peut contenir que 229 ou 230 grands navires, ce qui, à une époque de l'année, aurait obligé 15 à 20 navires à attendre pendant huit jours à Pauillac qu'une place convenable eût pu être disposée à les recevoir, il résulte, disons-nous, de ce rapport qu'au moyen de quelques nouvelles dispositions prises et de dépenses minimes le nombre de navires contenus dans le port pourrait être porté à 290 environ, soit à 40 ou 50 de plus que la quantité la plus forte qui y soit venue.

» Cependant votre commission n'a pu s'empêcher de reconnaître que, nonobstant les assurances données par MM. les Ingénieurs, le régime du fleuve devant Bordeaux surtout, et de Bordeaux à Lormont, est loin de s'être amélioré, les sondes faites mensuellement sont là pour en fournir la preuve, et, devant l'accroissement encore moins contestable qui se produit dans le mouvement de la navigation par suite de la révolution économique provoquée par la liberté commerciale, il est sage et prudent de prendre des précautions pour l'avenir.

» Permettez-moi de faire passer sous vos yeux un tableau succinct qui vous permettra de voir combien cette progression dans le mouvement de la navigation a été considérable.

» En 1850, l'entrée des navires au long-cours et au grand cabotage se résumait ainsi :

246 navires long-courriers jaugeant ensemble.........	61,165 Tx.
792 navires grand cabotage dº dº	95,153
Ensemble...........	156,318 Tx.

» En 1865 :

358 navires long-courriers jaugeant ensemble.........	105,913 Tx.
1,305 navires grand cabotage dº dº	308,989
Ensemble...........	414,902 Tx.

soit, dans une période de quinze années, une augmentation de 258,584 tonneaux ou de 150 p. % environ; et, si ce calcul était fait sur le port effectif des navires qui est généralement supérieur de 25 à 30 p. % au chiffre de la jauge, on voit combien plus forte encore serait cette progression.

» Mais c'est surtout dans la navigation à vapeur qui, ainsi que je l'ai dit plus haut, tend à se substituer au cabotage, que cet accroissement a été considérable.

» Voici le tableau par période quinquennale :

» En 1851, 3 navires à vapeur jaugeant.............			375 Tx.
1855, 55 dº dº			13,378
1860, 146 dº dº			42,944
1865, 439 dº dº			148,316

soit pour dix années seulement, de 1855 à 1865, une augmentation plus que décuple.

» Votre commission a pensé, et bien certainement vous reconnaîtrez avec elle que des résultats de cette nature légitiment, sans même croire à l'insuffisance actuelle du port, des précautions et des mesures de prudence pour l'avenir.

» On dit : le transfert inévitable à Bacalan de l'Entrepôt réel sera un déplacement du mouvement commercial actuel et une gêne pour le petit commerce.

» Sans doute, Messieurs, ce changement pourra et devra apporter une modification aux habitudes actuelles, et l'éloignement des docks du centre de la ville pourrait, en quelques circonstances, entraîner pour certaines opérations une perte de temps plus considérable qu'aujourd'hui, mais les moyens de communication se multiplient. Qui sait si à cette époque une ligne ferrée ne reliera pas les deux extrémités de la ville? Puis les usages se modifient. Nous adopterons, sans aucun doute, à Bordeaux, les usages en vigueur sur toutes les grandes places de commerce où toutes les opérations d'entrée, de sortie et de livraison dans les docks ou entrepôts s'effectuent presque exclusivement et à la satisfaction générale par les soins des employés de l'administration; et, enfin, à l'exception des marchandises assujéties à l'Entrepôt réel, dont la nomenclature se réduit chaque jour davantage, rien ne sera changé pour les autres qui pourront continuer à être, comme aujourd'hui, transportées directement dans les entrepôts particuliers et qui ne seront obligées de se diriger sur les docks que par les avantages incontestables qu'elles y rencontreront et dont elles sont privées aujourd'hui : célérité et économie dans les frais de débarquement et de manutention, surveillance de jour et de nuit dont elles manquent dans les tentes provisoires placées sur nos quais, ainsi que le prouvent les soustractions nombreuses dont le commerce est journellement victime.

» Pour la troisième objection, l'insuffisance des eaux de la jalle, votre commission est obligée de reconnaître que nous sommes incompétents pour en apprécier la valeur, mais que nous devons naturellement nous en rapporter aux calculs des hommes de l'art qui ont étudié cette question avec un soin minutieux et qui paraissent certains de leur exactitude. Nous ajouterons que deux de nos honorables collègues, dont l'opinion fait autorité dans leur spécialité respective, ont émis à cet égard des avis tout à fait rassurants.

» L'honorable M. Manès, qui avait remis à la commission d'enquête un avis favorable, est tout-à-fait d'accord sur ce point avec MM. les Ingénieurs, et l'honorable M. Baudrimont, en partageant cette opinion, est fermement convaincu que, dans le cas d'insuffisance, les eaux du fleuve pourraient être utilisées au moyen de quelques précautions sans le moindre inconvénient. Il faut, au reste, que cette opinion soit partagée par le plus grand nombre, car on paraît généralement désirer que la largeur des bassins soit portée de 120 mètres à 150, ce qui augmenterait la capacité de plus d'un cinquième.

» Au reste, nous pouvons ajouter qu'en aucun cas, cette éventualité ne pourrait nous effrayer, car ce serait à l'État à y pourvoir; car ce ne sont pas des bassins vides, mais des bassins à flot qu'il s'engage à nous fournir, et bien certainement il s'arrangera de manière à remplir ses engagements.

» La quatrième objection est celle-ci : « L'exécution des travaux fera négliger ceux que je viens de rappeler (page 53). »

» Si telle pouvait être notre pensée, nous vous le déclarons avec toute sincérité, Messieurs, nous vous proposerions le rejet du projet; car, pour nous, le prolongement des quais verticaux, l'entretien et l'amélioration si possible du régime du fleuve sont d'un intérêt plus immédiat et plus urgent que la création de ces nouveaux établissements. Mais qu'on se rassure entièrement à cet égard : nonseulement les promesses les plus formelles ont été faites par l'administration, mais encore des fonds sont inscrits au budget pour la continuation et l'achèvement des travaux en cours d'exécution, et s'il est regrettable qu'ils ne soient pas poussés avec plus d'activité, il ne faut s'en prendre qu'à l'insuffisance de l'allocation annuelle précédemment votée, mais que, nous en avons l'espoir, trouvera moyen d'augmenter l'homme éminent et dévoué qui est aujourd'hui à la tête de l'administration. Nous ajouterons seulement qu'il serait bien désirable, ainsi que le vœu en a été formulé plusieurs fois, de voir employer avec plus de persistance et dans des proportions plus fortes un moyen bien vulgaire, mais bien efficace, les bateaux dévaseurs.

» Reste, Messieurs, la dernière et la plus sérieuse peut-être des objections, celle qui a trait aux inconvénients qui peuvent résulter pour la salubrité publique, du creusement des bassins.

» Ici, en reconnaissant son incompétence et sans jeter un cri d'alarme prématuré, votre commission ne peut que s'en rapporter aux mesures qui seront indiquées et prises, lorsqu'il en sera temps, par les hommes éminents qui composent la commission de salubrité publique, et elle fait en outre observer que ces travaux, exécutés dans la partie la moins habitée et la moins peuplée de la cité, devront présenter des dangers moins grands que ceux qui sont exécutés au centre d'une ville où le défaut de circulation de l'air et l'agglomération des maisons habitées présentent des dangers plus sérieux.

» Je crois avoir répondu à peu près à toutes les objections que peuvent présenter les adversaires du projet.

» Permettez-moi de l'examiner maintenant au point de vue municipal, et ici je serai très-bref, car je ne crois pas la controverse possible.

» En effet, lorsque, sans demander à la ville aucun sacrifice pécuniaire, sans réclamer même son concours, on vient la doter d'un vaste et grand établissement destiné à accroître le mouvement de ses affaires et à lui attirer des travaux importants et lucratifs qui lui échappent aujourd'hui par l'insuffisance des moyens (les grands navires à vapeur fréquentant notre rade sont dans l'obligation d'aller caréner à Rochefort); lorsque cet établissement est appelé à créer forcément dans son voisinage un quartier nouveau, à porter la vie et le mouvement dans la partie la moins fréquentée aujourd'hui du périmètre de la cité et accroître ainsi, dans une proportion notable, les revenus municipaux; lorsque, surtout, la direction de ces établissements doit être confiée non pas à une association d'intérêts privés cherchant à réaliser de gros bénéfices, mais à un corps constitué faisant partie lui-même de la cité et n'ayant d'autre but que de concourir à sa prospérité; lorsque déjà ce corps a fourni la preuve par l'amoindrissement successif et graduel des tarifs qui lui avaient été octroyés, qu'il n'a point en vue la réalisation de bénéfices qui lui seraient inutiles, et qu'une fois ses engagements remplis et les améliorations réclamées réalisées, loin d'avoir besoin d'augmenter ses revenus en maintenant des charges onéreuses, il n'a qu'à s'occuper d'une chose, accroître les transactions et les affaires en y attirant ces dernières par la célérité et la sécurité des opérations, par la réduction la plus grande possible des frais et débours inévitables. Il y a, Messieurs, dans toutes ces conditions, pour ceux qui veulent sincèrement, comme vous tous, la prospérité de la ville, des motifs irréfutables de se rallier avec gratitude au projet actuel.

» Il nous reste maintenant, Messieurs, à examiner le projet lui-même dans les quelques détails qui, dans le rapport d'enquête comme dans celui de la commission nautique, ont provoqué des observations sérieuses et utiles.

» Les points controversés sont ceux-ci :

» *Emplacement du bassin et de la forme sèche;*

» *Direction des écluses;*

» *Largeur à donner aux bassins et aux établissements commerciaux.*

» Des divers plans annexés au dossier, celui qui a paru à la majorité de votre commission mériter une préférence marquée est le plan rectifié d'après les instructions ministérielles et portant le n° 15, mais elle désire y introduire les quelques modifications que je vais vous signaler et qui ont été en partie aussi réclamées par les deux commissions sus-nommées.

» Lorsque je vous ai dit, tout à l'heure, qu'il y avait division sur la question d'emplacement, il eût été plus exact de dire sur l'emplacement des écluses seulement, car, pour le bassin lui-même, tout le monde est d'accord qu'il ne peut être placé que sur le point indiqué.

» Le plan n° 15 porte l'entrée de l'écluse sur la partie des quais se rapprochant du Magasin des vivres et a l'avantage de ne toucher sur ce point à aucun des grands établissements industriels qui existent dans cette partie de la ville : l'huilerie de MM. Prom et Maurel, la verrerie de M. Mittchell et les forges de M. Cousin. En façade, elle n'enlève que des masures et des maisons de très-faible valeur.

» La commission d'enquête et la commission nautique ont émis le vœu que l'entrée fût portée plus en amont et se rapprochât davantage du point de la rade située près de la faïencerie, où mouillent plus fréquemment les grands navires par suite de la plus grande profondeur.

» La commission nautique croit aussi que de ce rapprochement de l'entrée près du point habituel des mouillages il résulterait une grande facilité pour l'entrée et la sortie des écluses et pour les évolutions que ces opérations nécessitent, par suite surtout des progrès fâcheux que fait journellement le banc de sable dit de Bacalan.

» Elle termine cependant ainsi par cette phrase bien significative : « Les motifs qui la déterminent disparaîtraient, du reste, si par des » dragages on prolongeait le mouillage en aval et si on creusait » une meilleure passe dans le seuil de Bacalan. »

» Votre commission, Messieurs, n'eût pas hésité à se ranger de cette opinion et à demander aussi que l'entrée des écluses fût portée en amont, si des considérations d'un ordre puissant ne lui avaient recommandé à cet égard une grande réserve, et si elle n'avait pas été convaincue que les inconvénients signalés pour les manœuvres d'entrée et de sortie n'étaient pas très-réels et pouvaient être évités.

» Pour ce qui est de l'entrée des navires dans le bassin, il est évident que ce sera presque toujours pour des navires chargés et venant de la mer qu'elle aura lieu. Ces navires ne pouvant pas franchir les passes du Caillou de Bassens qu'après deux heures de flot, ne pourront donc, remorqués ou non, arriver devant les estacades qu'une heure ou deux avant la pleine mer et à un moment où même à une grande distance du bassin ils auront l'eau suffisante pour mouiller, si besoin était.

» Pour ceux venant d'amont qui ne pourraient guère être que des navires déchargés, venant dans la forme de radoub pour se réparer, il n'y a pas, on le comprend, à se préoccuper de leur tirant d'eau, qui, deux heures avant comme deux heures après la pleine mer, leur permettrait toujours d'évoluer et d'entrer. Et si, par exception, quelque navire chargé venait d'amont, il est facile de voir que, mouillé forcément à une distance de 300 mètres au plus de l'entrée des écluses, il ne lui faudra, sans remorqueur et au besoin même en se halant avant que le courant de jusant soit formé, que très-peu de temps pour se mettre en parallèle des écluses et effectuer son entrée.

» Nous le répétons donc, tout en reconnaissant avec les deux commissions qu'il eût été préférable que l'entrée des écluses eût été portée plus en amont, nous ne pouvons que nous en rapporter à cet égard à la sagesse de l'administration et nous ranger à l'avis de l'ingénieur auteur du plan n° 15, qui avait pris soin de déclarer à la commission, et répondant ainsi au vœu de la commission nautique, qu'en quelque point que fût placée l'entrée, l'emploi des dragues ou bateaux dévaseurs lui paraissait indispensable.

» Enfin, Messieurs, et c'est ici que se place naturellement cette considération, c'est que lorsqu'on veut une chose, il faut la vouloir possible, et que si la question d'économie ne nous concerne pas, il faut comprendre aussi que les sacrifices ont des bornes et que là on ne nous demande rien, il n'en serait pas de même s'il fallait aux devis et calculs établis ajouter des millions pour l'achat d'immeubles et la suppression d'industries que le projet n° 15, qui nous paraît seul réalisable, a réussi à épargner.

» L'emplacement de la forme sèche.

» Ici, Messieurs, se place naturellement une question pour laquelle nous sommes d'accord à l'unanimité avec les deux commissions nautique et d'enquête et avec MM. les Ingénieurs eux-mêmes, quoique cette modification n'existe pas sur le plan, la nécessité absolue de deux écluses ou entrées. On comprend, en effet, tous les inconvénients qui pourraient résulter dans l'existence d'une seule voie de communication avec le fleuve pour un établissement de ce genre, si, par quelque circonstance imprévue, cette entrée unique venait, à un moment donné, à se trouver interceptée et à rendre ainsi impossible la sortie des navires qui se trouveraient dans le bassin.

» Nous nous rangerions donc tout à fait, à cet égard, de l'avis de la commission nautique qui demande deux écluses contiguës, l'une de 13 mètres, suffisante pour les entrées et sorties ordinaires, et l'autre de 22 mètres, pour le service des vapeurs transatlantiques ou autres grands navires à vapeur à aubes. Nous inclinerions aussi volontiers à son opinion qui consisterait à utiliser la dernière de ces écluses pour la forme de radoub ou bassin de carénage, car outre l'économie qui en résulterait, elle pourrait suffire largement à son affectation spéciale, pouvant contenir au besoin deux grands navires à vapeur ou quatre grands navires de dimensions ordinaires.

» Mais, en aucun cas, la forme sèche ne devait être maintenue sur le point où elle existe sur le plan n° 15; car, outre l'inconvénient qu'elle aurait sur ce point d'interrompre la continuité des magasins et de se trouver portée sur le point le plus éloigné du fleuve, elle nécessiterait des frais d'installation plus considérables. En tout état de choses, si l'opinion émise par la commission nautique et à laquelle nous adhérons n'était pas adoptée, elle devrait être placée dans la partie nord du bassin ou l'angle formé par la deuxième section se dirigeant aussi vers le nord.

» Ce qui préoccupe surtout votre commission, c'est que les communications sur les quais dans la partie latérale du fleuve soient rendues aussi faciles que possible pour les besoins du commerce et de la circulation, et que s'il y a nécessité d'interruption momentanée pour l'entrée ou sortie des navires, ces interruptions se prolongent le moins possible.

» Pour ce qui est de la direction à donner aux écluses, à l'unanimité votre commission se range à l'avis de la commission nautique qui, conformément au plan n° 15, s'est prononcée en faveur de la direction presque perpendiculaire et formant angle droit avec la direction du fleuve. Elle n'a été nullement touchée des motifs qu'a fait valoir la majorité de la commission d'enquête en faveur d'une direction oblique et en amont, et elle est fermement convaincue que les inconvénients qui en résulteraient seraient bien supérieurs aux avantages indiqués. En effet, outre celui de prendre en écharpe presque tous les établissements industriels et maisons existant sur le quai et d'en entraîner forcément la suppression et peut-être même celui de supprimer encore les quais dans une plus grande étendue, elle est persuadée que l'effet des eaux sortant des écluses se fera beaucoup mieux sentir dans une direction perpendiculaire au fleuve, et que les manœuvres pour l'entrée se feront avec beaucoup plus de facilité pour les navires venant d'amont ou d'aval entre deux longues estacades ouvertes en éventail et permettant aux navires qui manqueraient l'entrée de se haler avec leurs amarres jusqu'au dedans des rives. Ces estacades, construites avec de larges travées pour éviter le plus possible les envasements, seraient également très-utiles pour les navires à voiles sortant des bassins pour être remorqués et qui pourront se haler aussi avec beaucoup plus de facilité dans la direction qu'ils voudront prendre.

» Ici vient se placer naturellement la question de l'étendue à donner au bassin à flot.

» La commission d'enquête a pensé que dans la première section, au moins, soit sur 390 mètres, la largeur devait être portée à 150 mètres. La commission nautique a déclaré, au contraire, que celle de 120 mètres portée au projet du Gouvernement lui paraissait tout à fait suffisante, et a demandé seulement que pour le cas où l'avenir demanderait un accroissement de superficie, des constructions permanentes ne puissent être établies dans la partie nord-ouest du bassin.

» Dans les proportions actuelles, le bassin à flot peut, en laissant au milieu un chenal ou passage de 70 à 80 mètres, contenir sur deux rangs cinquante-six navires de la plus grande dimension actuellement usitée dans le commerce maritime, et en contiendrait de soixante-quinze à quatre-vingt-dix dans les proportions moyennes, soit de 30 à 40 mètres de long. Et nous ne croyons pas que jamais encore il y ait eu à Bordeaux même quinze navires long-courriers débarquant ensemble leurs cargaisons; avec la rapidité qui peut être apportée dans les déchargements au moyen des engins nouveaux usités pour ces opérations, ce nombre fût-il doublé dans l'avenir, aucun encombrement ni retard ne serait possible.

» Mais il y a, Messieurs, une autre considération à faire valoir. Si, contrairement aux craintes de quelques bons esprits, les calculs des ingénieurs nous garantissent que les eaux de la jalle suffiront à l'alimentation du bassin dans les dimensions et conditions actuelles, en serait-il de même si la superficie et par conséquent ses besoins se trouvaient augmentés dans une proportion d'un quart? Nous croyons donc devoir nous rallier à l'opinion de la commission nautique et au plan adopté par l'administration supérieure qui maintient cette largeur à 120 mètres.

» Je ne voudrais pas, Messieurs, fatiguer votre patience et abuser de votre attention, mais cependant il me reste encore à vous entretenir d'un point important et sur lequel les intérêts municipaux coïncident avec ceux de la Chambre de commerce. Celle-ci a demandé que sur les quais bordant le bassin à flot, dont la largeur est fixée à 50 mètres, une étendue de 700 mètres, soit toute la partie sud et ouest, lui fût concédée pour établir ses magasins, le poste de douane et autres établissements accessoires.

» Elle a demandé aussi qu'en dehors de ces 50 mètres, il fût exproprié une zone de terrain suffisante pour qu'une large voie charretière, qui deviendra sans doute plus tard une rue importante, pût être établie et entourât ainsi tous les établissements.

» Sur les 50 mètres de quai, 30 mètres seulement seraient affectés à la construction des entrepôts, magasins, etc., et les 20 mètres bordant le bassin seraient couverts de hangars servant à la manutention de la marchandise qui permettraient la circulation dans toute l'étendue; des voies ferrées facilitant le transport et le déplacement des marchandises seraient également établies partout où la nécessité en serait démontrée.

» Quant à l'expropriation d'une zone de terrain au-delà de 50 mètres de quais indiqués au projet et pouvant servir dans l'avenir à donner une plus grande extension aux établissements commerciaux, outre qu'elle est contraire aux règlements, elle ne nous paraît pas nécessaire si la concession demandée par la Chambre est accordée, car cette étendue de terrain, avec le mode de construction généralement adopté aujourd'hui, suffira largement aux besoins du présent et de l'avenir en triplant et au-delà la contenance de l'entrepôt actuel.

» L'État ne voulait d'abord accorder qu'une étendue de 390 mètres, soit la première section ou partie sud du bassin qui eût été suffisante si une grande élévation eût été donnée aux constructions à établir, mais l'expérience a prouvé tous les inconvénients qui résultent de ce genre de construction, et nous avons la ferme confiance que l'administration se rendra aux justes observations qui lui ont été présentées à cet égard et réservera la ressource qu'elle indique pour le cas où une prospérité imprévue et inouïe rendrait, dans un avenir bien éloigné, un agrandissement nécessaire. Un de nos collègues, l'honorable M. Manès, avait aussi demandé dans l'opinion motivée qu'il a adressée à la commission d'enquête, qu'en aucun cas la Chambre ne pût rétrocéder cette concession.

» Quoique nous puissions affirmer que cette pensée ne soit jamais venue à aucun des membres de cette Chambre, nous ne croyons pas inutile de nous associer au vœu exprimé.

» Sous le bénéfice des diverses observations que nous avons présentées, vous appuierez, Messieurs, la demande de la Chambre de commerce, dont les intérêts, je le répète, coïncident et sont identiques à ceux de la cité. Et, confiants dans la bienveillance et le dévoûment aux intérêts girondins dont S. Exc. M. le Ministre du commerce et des travaux publics vous donne la preuve, sûrs par cela même que les réserves que vous avez exprimées pour l'achèvement des travaux entrepris pour la prolongation des quais verticaux et l'amélioration de la rade seront prises en sérieuse considération, vous donnerez avec gratitude votre entière approbation aux projets qui vous sont soumis, et c'est avec confiance que je vous propose un projet de délibération favorable. »

Sur quoi :

Le rapport de sa commission d'administration locale entendu, et en adoptant les motifs et les conclusions et après discussion,

Le Conseil municipal délibère :

ART. 1er. — Il y a lieu d'approuver les projets de construction d'un bassin à flot et d'une forme de radoub et de magasins-docks, avec les modifications indiquées.

ART. 2. — La présente délibération sera transmise, dans le plus bref délai, à l'autorité supérieure.

Fait et délibéré à Bordeaux, en l'Hôtel-de-Ville, le 24 mai 1867.

Pour extrait conforme :

Le maire de Bordeaux,

TH. DUBREUILH,
adjoint.

[illegible]

VŒU PROPOSÉ SUR LES TRAVAUX DU PORT DE BORDEAUX

RAPPORT DE LA COMMISSION

« Vous avez renvoyé à l'examen de votre commission du commerce et des travaux publics une proposition déposée par quatre de vos collègues et conçue en ces termes :

« Le rapport de M. le Préfet expose les négociations entamées » entre le Gouvernement et la Chambre de commerce de Bordeaux, » dans le but d'amener :
» 1° L'achèvement des quais verticaux ;
» 2° La construction d'une forme sèche propre à recevoir les ba- » teaux à vapeur transatlantiques ;
» 3° La construction d'un bassin à flot entouré de magasins.
» Les soussignés émettent le vœu que ces négociations, qui sem- » blent arrêtées depuis le 26 février dernier, soient reprises par » M. le Préfet, et demandent que le Conseil général témoigne, par » ce vœu, de tout l'intérêt qu'il attache à la solution d'une ques- » tion qui intéresse au plus haut point la prospérité commerciale de » Bordeaux. »

» Avant de vous faire connaître le résultat des études de votre commission, il convient de remettre sous vos yeux l'extrait suivant du rapport général de M. le Préfet :

« Le projet général des travaux à exécuter pour l'amélioration
» du port, dans la partie qui s'étend le long des quais des Chartrons
» et de Bacalan, a été approuvé par décret du 25 août 1861. Il s'é-
» lève à 4,000,000 fr. et consiste dans l'élargissement des terres-pleins
» desdits quais, de manière à leur donner une largeur uniforme de
» 40 mètres, et dans la construction de deux quais verticaux, de
» 207 mètres de longueur chacun. La première partie de ce projet,
» comprenant les travaux à exécuter entre la cale Fenwick et la
» rue Poyenne, partie dont la dépense est évaluée à 1,981,948 fr. 65 c.,
» a été adjugée le 30 mai 1863. Des crédits de :

» 100,000 fr. en 1863,
» 350,000   en 1864,
» 250,000   en 1865,
» 800,000   en 1866,

» ont été consacrés à ces travaux qui marchent très-régulièrement.
» Les sept premières arches d'amont du mur de quai sont achevées,
» et sept piles à la suite sont fondées et élevées, à diverses hauteurs,
» au-dessus de l'étiage. Le pilotis de fondation est, en outre, établi
» jusqu'à la dix-neuvième pile.

» Le crédit de l'année courante comprend un supplément de
» 500,000 fr., qui vient d'être accordé sur les fonds du budget rec-
» tificatif. Cette augmentation nous permettra d'imprimer une plus
» grande activité à ces travaux; malheureusement, il a été mis
» trop tardivement à notre disposition.

» L'accroissement du tonnage de la navigation à vapeur et
» l'augmentation des dimensions des navires rendant plus sen-
» sibles, depuis quelques années, l'insuffisance de l'étendue du
» mouillage du port de Bordeaux et des moyens de débarquement,
» la Chambre de commerce a offert à l'État, le 2 mars 1864,
» d'avancer, moyennant l'abandon pendant un certain temps du
» demi-droit de tonnage et une subvention sur les fonds du Trésor,
» payable par annuités, la somme nécessaire pour l'exécution d'un
» ensemble de travaux d'amélioration comprenant :

» 1° L'achèvement des quais verticaux et de l'élargissement des
» terres-pleins des quais des Chartrons et de Bacalan;

» 2° Une forme sèche propre à recevoir les bateaux à vapeur
» transatlantiques;

» 3° Un bassin à flot entouré de magasins;

» 4° Des pavillons à construire sur le quai vertical actuel pour
» abriter les marchandises.

» Les Ingénieurs ont été invités, aux termes d'une dépêche minis-
» térielle du 4 avril 1864, à dresser l'avant-projet de ces travaux.

» Cet avant-projet a été produit le 29 octobre 1864, et complété
» le 16 mars 1865, sur la demande du Conseil général des ponts-et-
» chaussées, par l'addition des ouvrages que pourrait exiger l'ex-
» tension future des docks. Il s'élève, dans ces conditions, à 24 mil-
» lions, sur lesquels 16 millions de travaux devraient être exécutés
» immédiatement, et 8 millions pourraient être ajournés à l'époque
» où le besoin de l'agrandissement des docks se ferait sentir.

» Les 16 millions de dépenses à faire immédiatement se décom-
» posent, d'ailleurs, comme il suit, en nombres ronds :

» Travaux hydrauliques......................F.   7,000,000
» Magasins et installation du service commercial...   5,000,000
» Acquisitions de terrain...........................   4,000,000

       » TOTAL ÉGAL..........F.   16,000,000

» Une décision ministérielle du 7 novembre 1865 a invité les ingé-
» nieurs et la Chambre de commerce à se concerter pour préparer
» un cahier des charges et un projet de tarifs, et pour déterminer
» les conditions financières de l'entreprise.

» L'instruction de l'affaire a été poursuivie dans ce sens. Un cahier
» des charges et un projet de tarifs, combinés d'après ceux des con-
» cessions des docks du Havre et de Marseille, ont été dressés, et la
» Chambre de commerce a offert de concourir pour 6 millions à la
» dépense, les 10 autres millions restant à la charge de l'État. Elle
» a, d'ailleurs, proposé de faire l'avance de ces 10 millions afin
» que les travaux pussent être exécutés rapidement, à la condition
» que l'État les lui rembourserait en dix ans, par annuités d'un
» million.

» Ces propositions, qui ont été adressées à l'administration le
» 30 décembre 1865, ne lui ont pas paru appuyées de justifications
» suffisantes, et la Chambre de commerce a été invitée, par une
» dépêche ministérielle du 14 février 1866, à fournir des explications
» plus étendues relativement aux produits probables de l'entreprise.

» Ces explications ont été adressées, le 26 février suivant, à M. le
» Ministre des travaux publics. »

» Le rapport général de M. le Préfet vous a donné, dans l'article
intitulé *Port de Bordeaux*, des détails complets sur l'affaire qui a

motivé le vœu que vous avez renvoyé à l'examen de votre commission des travaux publics.

» Votre commission a constaté avec satisfaction que le Gouvernement et la Chambre de commerce sont complètement d'accord sur l'ensemble comme sur les détails des travaux à exécuter; que ces travaux ont reçu la haute sanction du Conseil supérieur des ponts-et-chaussées, et qu'il ne reste plus qu'à procéder à leur exécution au moyen d'une combinaison financière qui permettra à la Chambre de commerce d'avancer à la fois les 6 millions pour lesquels elle s'est engagée à concourir à la dépense et les 10 millions que l'État doit fournir.

» Mais, puisqu'il ne reste plus à régler que des détails financiers, relativement peu importants, c'est-à-dire la durée du remboursement de l'emprunt que ferait la Chambre de commerce et la division des annuités que paierait l'État, demandons au Gouvernement de hâter une décision qui assurera la prospérité du port de Bordeaux.

» On a longuement discuté naguère, à la Chambre de commerce, au Conseil municipal de Bordeaux et dans cette enceinte, l'utilité des docks. Aujourd'hui, l'opinion unanime de tous ceux qui portent quelque intérêt, non-seulement au développement, mais même au maintien du commerce de Bordeaux, n'hésite pas à déclarer qu'on a beaucoup tardé, et que notre commerce souffre de l'insuffisance du mouillage, de l'insuffisance des moyens de débarquement, et de l'absence de magasins convenablement placés pour l'importation et pour l'exportation maritimes.

» Le bassin à flot, entouré de magasins, n'est, du reste, qu'une partie de l'ensemble des travaux à exécuter. Ces travaux comprennent, en première ligne, l'achèvement des quais verticaux et l'élargissement des terres-pleins des Chartrons et de Bacalan, pour lesquels, au surplus, les fonds sont assurés par l'État. L'achèvement des quais verticaux ne saurait être poussé avec une trop grande activité.

» Le mouvement de la navigation à vapeur suit une marche ascendante tellement rapide que, si, comme tout le fait espérer, cette marche se continue avec la même progression pendant cinq ans, il n'y aura pas trop alors de tous les quais pour le service exclusif des bateaux à vapeur. Le tonnage à vapeur de notre port qui n'était, en 1855, que de 55,000 tonnes, s'est accru chaque année et a été, en 1865, de 322,000 tonnes. Il a donc à peu près sextuplé en dix ans. Ces chiffres en disent trop sur l'urgence d'une prompte exécution des travaux entrepris pour qu'il soit nécessaire d'entrer dans de plus longs développements.

» La fréquentation du port de Bordeaux par tant et de si grands bateaux à vapeur, l'augmentation de la grandeur moyenne et de la calaison des navires qui constituent le mouvement de la navigation à voile, le service des paquebots transatlantiques, démontrent d'une manière évidente la nécessité d'un grand bassin de carénage.

» Le bassin à flot entouré de magasins, le dock, pour lui donner son véritable nom, c'est le grand instrument du commerce maritime. Le quai vertical, on l'a cru naguère, devait dispenser du bassin à flot. Mais le quai vertical, par la navigation à vapeur, n'existe plus pour la navigation à voile. La navigation à voile demande le bassin à flot, et personne, aujourd'hui, ne conteste la légitimité de sa demande et n'ose soutenir une thèse contre laquelle proteste l'évidence des faits.

» Votre commission ne croit pas nécessaire d'entrer dans des développements, que l'exposé présenté par M. le Préfet rend superflus. Elle considère que la question sur laquelle votre attention est appelée est l'une des plus importantes que vous ayez à traiter. Elle vous demande donc d'appuyer les démarches de la Chambre de commerce pour que l'exécution de ce qu'on pourra appeler la régénération du port de Bordeaux ne se fasse pas attendre. Le temps presse, le mouvement des affaires prendrait, tout entier, une autre direction s'il ne trouvait pas dans la Gironde les facilités que lui offrent déjà tous les grands ports de l'Océan et de la Méditerranée.

» En conséquence, votre commission vous propose, à l'unanimité, d'émettre le vœu :

» 1º Que des crédits suffisants soient affectés à l'achèvement des quais, afin que rien ne puisse ralentir l'énergique impulsion récemment donnée à ce grand et beau travail par le service des ponts-et-chaussées ;

» 2º Que les négociations entamées entre l'État et la Chambre de commerce, pour hâter l'exécution de bassins et de magasins sur la rive gauche de la Gironde, soient conduites avec toute l'activité possible ;

» 3º Que M. le Préfet veuille bien faire connaître au Gouvernement l'importance que le Conseil général attache à l'exécution rapide et complète d'un ensemble de travaux, qui répond non-seulement aux besoins de l'avenir, mais encore aux plus impérieuses nécessités du présent. »

Un membre déclare qu'il ne veut rien ajouter aux conclusions de ce rapport, mais qu'il tient à constater l'importance, pour le commerce de Bordeaux, de l'établissement des docks, et il appelle de tous ses vœux la prompte réalisation de ce projet.

M. le Rapporteur déclare que le Conseil doit faire appel, sur cette question, au concours toujours dévoué de son président, du sénateur et des députés qu'il compte parmi ses membres, et qui usent si habituellement de leur influence pour nos intérêts départementaux.

M. le Président rappelle les précédents de cette affaire.

Il y a dix ou douze ans, il fut question de docks à Bordeaux.

Des hésitations se produisirent, soit de la part du commerce, soit de la part des populations.

L'insuffisance des quais et du port de Bordeaux, pour le dépôt des marchandises, ne paraissait pas bien démontrée.

Mais aujourd'hui le doute n'existe plus.

Le développement des affaires, depuis l'adoption des nouveaux principes de la liberté commerciale, a augmenté chaque année, dans des proportions considérables, les opérations maritimes.

D'un autre côté, les procédés de débarquement de marchandises se sont améliorés et ont permis de réaliser l'application de ce principe, que le temps est de l'argent.

Il faut, en effet, décharger vite; car la perte des jours de planche est plus onéreuse pour les navires d'un fort tonnage que pour les petits. C'est ainsi que l'insuffisance du port de Bordeaux, les progrès du commerce et de l'industrie, ont abouti à ce résultat; que ce qui semblait autrefois sans intérêt pour les habitants de la Gironde, se présente actuellement comme l'une des mesures les plus importantes pour la prospérité publique.

Quant à l'honorable membre, il n'a pas besoin de déclarer qu'il appuiera de toute son énergie la réussite de ce projet.

M. le Préfet expose qu'il a été heureux de trouver dans le travail de MM. les Ingénieurs l'occasion de pouvoir suivre cette affaire avec avantage.

Il s'est emparé de l'idée des docks et l'a prise sous son patronage. La Chambre de commerce, qui a bien voulu l'entendre sur cette question, s'est complètement associée à ses efforts, et le président du Conseil lui-même, venu dans le département au mois de février dernier, pour y prendre quelque repos, a trouvé de nouvelles forces dans son dévoûment pour son pays. Il a voulu connaître le plan du nouveau projet, l'étudier dans tous ses détails, et il a compris, comme lui, qu'il s'agissait là véritablement d'une grande œuvre qui doit faire époque, telle qu'il s'en produit une ou deux par siècle.

Un membre déclare que le Conseil ne saurait exprimer trop de reconnaissance à M. le Préfet pour les soins donnés à cette affaire, dont il est le principal instigateur.

Un autre membre demande si la commission s'est renseignée sur la question des quais verticaux qui se rattache au projet.

Quelle sera leur étendue?

Sera-t-il laissé un espace suffisant pour les besoins de la navigation fluviale?

M. le Rapporteur répond que les quais sont achevés; qu'immédiatement après ces quais, il sera formé des cales inclinées, et qu'enfin, vers l'extrémité de la manufacture de porcelaines, il sera établi une nouvelle bande de quais verticaux, d'une étendue à peu près égale à la zone actuellement en construction, c'est-à-dire dans un espace de 200 mètres.

M. le Président fait observer que la question posée, il y a peu d'instants, par l'un de ses collègues, avait une très-grande importance, en ce sens que la navigation fluviale, dont le préopinant s'est occupé, constitue pour Bordeaux l'une des parties essentielles du mouvement maritime de son port, et représente, par conséquent, l'un des grands intérêts de son commerce; mais on constate que la navigation fluviale conserve toutes ses cales actuelles en amont du pont; qu'elle aura, en aval, toutes les cales inclinées dont M. le Rapporteur a fait connaître l'étendue, et qu'il sera même ménagé, dans le parcours des quais verticaux, des facilités de débarquement pour les bâtiments d'un faible tonnage.

M. le Préfet ajoute que l'établissement des docks a principalement pour but d'augmenter les facilités de la navigation intérieure; car, dès que le commerce transatlantique trouve des docks et les remplit, la navigation fluviale devient plus libre.

Un membre croit qu'on exagère un peu les besoins abrités sous ces mots : *Navigation fluviale.*

En réalité, le port de Bordeaux est de 7 kilomètres, ce qui donne pour les deux rives un développement total de 14 kilomètres; et les deux séries de quai, ayant chacune 750 mètres environ, n'occuperont, par cela même, qu'un espace inférieur à 2 kilomètres.

Un des membres, qui avait déjà pris la parole, remercie M. le Préfet de la part qu'il a prise au projet des docks.

M. le Préfet répond qu'il doit s'effacer; qu'il sera très-heureux si les membres du Conseil veulent garder souvenir de ce qu'il a pu faire et rattacher son nom, dans leur pensée, au succès de cette entreprise; mais qu'il ne faut mêler aucune question de personne à l'affaire en elle-même. Ce sont les grands intérêts de la Gironde et du commerce bordelais dont il faut exclusivement se préoccuper.

M. le Président met aux voix les conclusions de la commission.

Elles sont adoptées à l'unanimité et avec une expression particulière de recommandation et d'insistance de la part du Conseil général.

CHAMBRE DE COMMERCE DE BORDEAUX

SÉANCE EXTRAORDINAIRE DU 7 SEPTEMBRE 1867.

Présidence de M. E. CORTÈS.

Le président annonce qu'il a réuni la Chambre afin d'arrêter les bases d'une délibération qui doit être présentée aujourd'hui même à S. Exc. M. le Ministre de l'agriculture, du commerce et des travaux publics. Cette délibération a pour but de stipuler les conventions financières qui doivent intervenir entre la Chambre et l'État au sujet de la création des docks-entrepôts.

Après une discussion à laquelle plusieurs membres prennent part, le président propose la délibération suivante :

« La Chambre de commerce offre d'avancer à l'État une somme de 10 millions de francs en quatre ans à l'effet d'assurer l'exécution des travaux du bassin à flot autorisée par décret du 27 juillet 1867.

» Les fonds qui seront versés successivement par la Chambre de commerce jusqu'à concurrence de ladite somme de 10 millions porteront intérêt à 4 p. °/₀ à dater de leur versement.

» L'amortissement, calculé au même taux de 4 p. °/₀, s'effectuera en quinze annuités à partir de 1872.

» La Chambre de commerce sera autorisée à emprunter, à un taux qui ne pourra dépasser 5 p. °/₀, une somme de 10 millions qui sera avancée à l'État ainsi qu'il est dit plus haut.

» L'emprunt pourra être réalisé soit avec publicité et concurrence, soit par voie de souscription, soit de gré à gré, avec la faculté d'émettre des obligations au porteur ou transmissibles par voie d'endossement, soit directement auprès de la Caisse des dépôts et consignations ou du Crédit foncier.

» Si l'emprunt est réalisé auprès de la société du Crédit foncier, la Chambre de commerce pourra ajouter à l'intérêt ci-dessus fixé le montant des droits de commission d'après les conditions de prêt de cette société.

» Les conditions des souscriptions à ouvrir ou des traités à passer seront préalablement soumises à l'approbation de M. le Ministre de l'agriculture, du commerce et des travaux publics.

» La différence d'intérêt qui forme l'écart entre le taux de 4 p. %, servi par l'État et le taux de 5 p. %, auquel la Chambre de commerce sera autorisée à emprunter, sera couverte au moyen d'un droit de tonnage de 20 centimes par tonneau à percevoir sur les navires entrant chargés dans le port de Bordeaux et venant des pays étrangers ou du long-cours.

» En raison des facilités données par la Chambre de commerce pour la rapide exécution des travaux du bassin, elle demande que l'État s'oblige à lui concéder le long des quais sud de ce bassin les terrains qu'elle croira nécessaires pour l'établissement des magasins-docks. Ces magasins pourront être contigus au mur des quais.

» La Chambre de commerce remboursera à l'État le prix des terrains qui lui seront concédés et au prix moyen payé par l'État lui-même, sans addition d'intérêts. Ce prix viendra en déduction des dernières annuités à payer à la Chambre par l'État.

» La Chambre émet le vœu qu'une forme sèche indispensable pour la réparation des grands navires et dont la nécessité est reconnue par tous les corps et commissions consultés, soit construite sur un des côtés du bassin à flot; que s'il ne pouvait y être satisfait, du moins que la grande écluse soit disposée de manière à remplir le même but. »

Cette délibération est approuvée et la séance est levée à onze heures.

Extrait de la loi du 19 mai 1866.

« ART. 4. — Les droits de tonnage établis sur les navires étrangers entrant dans les ports de l'Empire seront supprimés à partir du 1er janvier 1867.

» Les droits de tonnage actuellement perçus tant sur les navires français que sur les navires étrangers, et affectés, comme garantie, au paiement des emprunts contractés pour travaux d'amélioration dans les ports de mer français, sont maintenus.

» Des décrets impériaux, rendus sous forme de règlements d'administration publique, pourront, en vue de subvenir à des dépenses de même nature, établir un droit de tonnage qui ne pourra excéder 2 fr. 50 c. par tonneau, décime compris, et qui portera à la fois sur les navires français et étrangers. »

La Chambre a cru devoir reproduire sa délibération du 7 septembre 1867 et ce qui, dans la loi du 19 mai 1866, se rapporte au droit de tonnage, afin de calmer les inquiétudes qui paraissent s'être produites au sujet de l'application du droit de 20 centimes, auquel, d'après quelques personnes, le cabotage avec les ports français serait assujéti. Il suffit de rapprocher cette délibération de l'article 4 de la loi pour se convaincre qu'il est dans les intentions de la Chambre comme dans celles du Gouvernement de n'appliquer ce droit qu'à la navigation au long-cours et à celle avec les pays étrangers.

Bordeaux, A. LEFRAISE, Imprimeur de la Chambre de commerce, rue Ste-Catherine, 56.

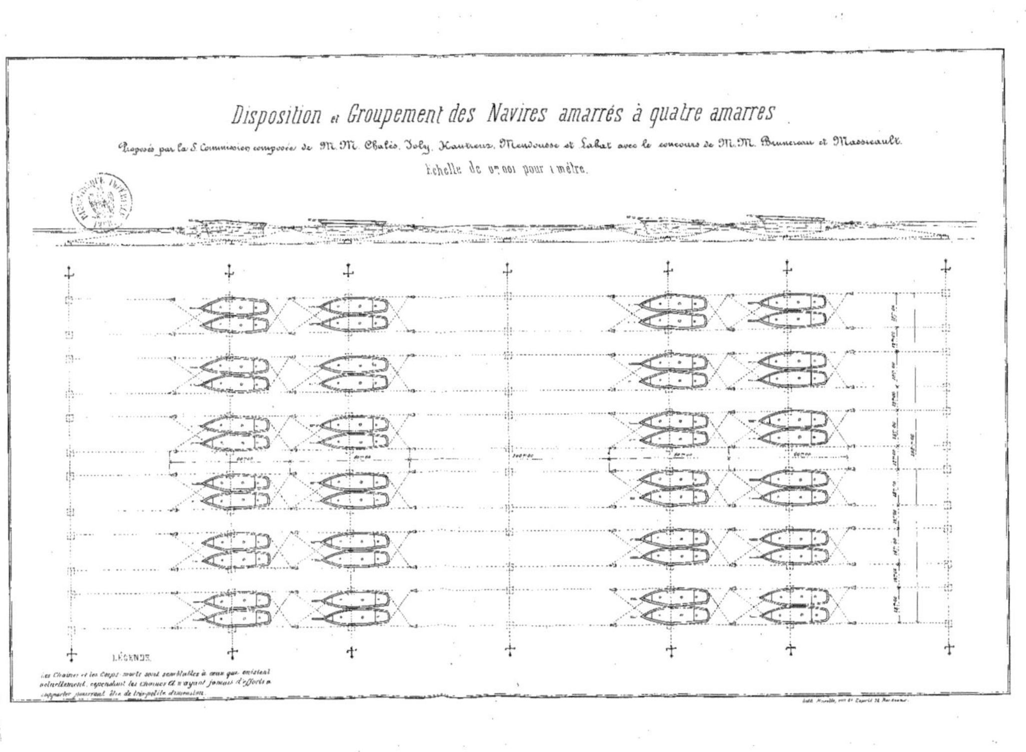

Disposition et Groupement des Navires amarrés à quatre amarres
Proposés par la 5 Commission composée de MM. Chalès, Joly, Hautreux, Mendousse et Labat avec le concours de MM. Bruneau et Massieault.
Echelle de 0m,001 pour 1 mètre.
LÉGENDE.
Les Chaînes et les Corps-morts sont semblables à ceux qui existent
actuellement, cependant les chaînes ち n'ayant jamais d'efforts à
supporter pourraient être de très-petite dimension.

www.ingramcontent.com/pod-product-compliance
Lightning Source LLC
LaVergne TN
LVHW050102060726
842524LV00003B/884